HISTOIRES
DE MASQUES

3107.

Remplacement de
8 y² 52171

DU MÊME AUTEUR

La Petite Classe . . . . 1 vol.

Tous droits de reproduction et de traduction réservés pour tous les pays, y compris la Suède, la Norvège, la Hollande et le Danemark.

S'adresser, pour traiter, à la librairie PAUL OLLENDORFF, Chaussée d'Antin, 50, Paris.

JEAN LORRAIN

Histoires de Masques

Préface de
GUSTAVE COQUIOT

PARIS
SOCIÉTÉ D'ÉDITIONS LITTÉRAIRES ET ARTISTIQUES
Librairie Paul Ollendorff
50, CHAUSSÉE D'ANTIN, 50

1900
Tous droits réservés.

IL A ÉTÉ TIRÉ A PART
CINQ EXEMPLAIRES SUR PAPIER DE HOLLANDE
NUMÉROTÉS A LA PRESSE

PRÉFACE

Le masque ? Un cartonnage drôle ou gai de la figure, de la toile métallique disposée en trompe-l'œil ou de la soie peinte et maquillée en visage, oui, c'est tout cela, mais c'est surtout et presque toujours de l'horreur et de l'équivoque, de l'effroi et de la perversité. Ah ! certes, ils sont nombreux ceux qui ne s'égayent plus des chienlits descendus dans la rue, le jour du Mardi Gras ; l'aspect de ces jupes larges ou serrées, de ces bonnets coniques ou plats, des nez gros ou petits et des yeux guetteurs derrière le masque proprement dit, qui fleure la gomme rance et le vernis, oui, toutes ces défroques de visages et d'habits écartent plutôt et glacent.

a.

Même, qu'ils vaguent, ces masques, par les rues, au plein soleil, la répulsion n'est pas moindre. On les voit, en effet, sous leurs loques, grêles et hideux ou puissants et rouges ; ils ont des jambes torses, des thorax déjetés, de pires misères peut-être ; ils vont par deux, par quatre, marchant vite, harponnés par l'ennui qui les tenaille et les mord ; ils guettent du plus loin qu'ils peuvent les déguisés comme eux, ils s'interpellent, et ils vont toujours de leur pas alerte, pourchassé, battant les rues, les yeux aux vitres des cafés, les masques exténués et mélancoliques.

Les tristes masques ! Qui dira l'amer plaisir qu'ils ont à galoper ainsi tout le jour, sous la défroque d'un Pierrot ou d'une Rosalinde ? Les lazzis les fouaillent, ils n'ont pas le cœur à répondre ; le bruit de la rue les étourdit ; il leur semble qu'ils sont des loufoques, des ballottés et des égarés de la vie. Ils n'ont même plus l'idée, après tout cela, de se gîter, de gagner un coin. Ils vont, ils galopent et ils attendent la nuit.

A ce moment, on les voit aller brusquement aux lumières et se précipiter en tas aux sous-sols où l'on danse. A peine entrés, furieux de vie et l'âme toute réchauffée, ils clodochent et virent alors sans s'arrêter. Ils pilent de leurs pieds las le dégoût de l'interminable journée, de la morne promenade par les rues ; et bientôt les voici qui deviennent luxurieux et obscènes, ces grands singes excités, aux mains enveloppantes et fureteuses.

Qui donc voudrait en vérité de cette condition des masques ? et pourtant le Mardi Gras en enfante toujours ; ils viennent on ne sait d'où, au reste, de la loge ou des combles, des échoppes ou des beuglants. C'est l'armée des « mabouls » qui montre ce jour-là toute la milice et toutes ses réserves ; mais c'est aussi, à travers les rues, le laisser-courre des sadiques, des satyriasiques et des nymphomanes.

Ils errent, ceux-là, ayant abrité leur âme de boue sous la défroque quelconque d'un costume pas cher, et leurs yeux bougeurs cavalcadent sous le masque, débusquent frénétiquement la proie qu'ils pincent et serrent en claquant des dents ; et, le soir, ce sont ces mêmes masques que vous rencontrez tapis sous les rampes d'escaliers ou dans les angles des loges, attendant patiemment, guettant l'heure du matin où tous les vices sont libérés, où l'orchestre, dans un furieux branle, donne enfin le signal de toutes les hontes.

Fins de bals et fins de masques ! C'est alors le retour, par le blême des aubes, des inquiétants chienlits, des arsouilles costumés en revenants, des Pierrettes et des Clodoches, des Gendarmes et des Nourrices ; et, sous le sel de l'air matinal qui pique et pince, ils vont, les masques, honteux et pressés ; ils se hâtent, longent d'un bon pas les boulevards ou tournent au coin des rues et, prestes, ils disparaissent.

Où vont les masques? Vers quel grabat ou vers quel labeur ? Celui-ci va-t-il grimper sur le siège d'une voiture de maraîcher ou de laitier, celle-là ira-t-elle à la prostitution, la face encore écaillée et striée par le fard de sa nuit? On ne sait, ils sont malandrins ou commis, bonnes sorties au delà de la permission de onze heures ou filles secourables aux désirs. Celui-ci, ce chicard aux grands gestes de moulin à vent, se dispose, peut-être, à saigner, comme il en a l'habitude, un pante attardé; celle-là, passez vite pour ne point la voir, en tyrolienne, exaucer, au coin d'une borne, le mauvais désir !

Les masques, oui, ils sont les passants de la nuit, les geindres et les grinches du noir; ils épouvantent quand ils débusquent brusquement sur vous, sous le clignotement du gaz, et vous fuyez leurs bonnets pointus, leurs chignons hauts, leurs yeux surtout, ces yeux qui vous dévisagent et qui flambent derrière la trame du carton ! *Histoires de masques*, histoires donc — logiquement — d'effroi, de perversité et de macabre.

Et, à la vérité, en effet, ne vous attendez pas à lire une transposition des fantaisies spirituelles et drolatiques d'un Callot ; car vous ne rencontrerez ici ni Franca Trippa, ni Fritellino, ni ce Pulcinello qui fait révérence, en se cabrant, à la signora Lucretia. Pas davantage, vous ne pourrez songer aux mascarades fleuries des Pater et des Lancret, pas plus qu'à cet élégant et corrompu Gavarni, dessinateur pour costumes de théâtres, qui exécutait, sans se lasser, des chevilles si minces et des mains si longues, si louablement diaphanes ! Mais l'idée de Goya vous poignera, je pense, et telles de ces histoires vous paraîtront le texte idoine à ces planches illustres, où le terrible Aragonais mit en scène les majas, les duègnes et les vieux beaux d'Espagne, en un mot toute la formidable ménagerie des grands vices, qu'il griffa à jamais de sa rageuse et redoutable pointe.

Mais encore, un jour, rappelez-vous, l'écrivain de ces histoires déclara qu'il admirait James Ensor, le jeune maître d'Ostende, qui a exécuté lui aussi, là-bas, une série merveilleuse de masques aux mufles d'hippocampes ou aux faces de batraciens. Et, en effet, en lisant *Histoires de masques*, vous retrouverez le frénétique amant de toute bizarrerie, le glorieux Ensor, embusqué derrière toutes les pages. Il vous semblera même que l'écrivain a eu à cœur de ménager à l'artiste des *illustrations* parfaites, des ressources dans l'épouvante et dans l'horrible. En tout cas, ces *Histoires de masques*, ce sera, pour Ensor, nous en sommes assurés, un texte d'inspiration féconde. Il frémira comme nous à la lecture de l'*Homme au bracelet* et à celle de la *Femme aux masques*, et cette active et splendide goule nommée *la Pompe funèbre*, quel merveilleux Rops pour lui à reprendre, à triturer, à « pousser » en épouvante et en cruauté. Sur les pages du livre, soyons certains qu'il écrira des « marginalia » funèbres, et, comme il dit quelque part, ce sera alors cet étonnant exemplaire : *peste dessus, peste dessous, peste partout.*

Ensor, Lorrain, ces deux amoureux des masques ! Vous allez lire les contes du second ; vous souvenez-vous des planches en couleurs qu'exposa le premier, il y a des mois, à la galerie de *la Plume ?*

Ah ! l'amer contempteur de l'effigie humaine ! ce qu'il la ravale, celui-là, l'orgueilleuse face ! C'est partout de l'horreur, de l'atmosphère de peste, des somptuosités de descentes de Courtille, de magnifiques et éloquentes processions de chienlits.

Son *Entrée du Christ à Bruxelles, en 1889, le mardi gras*, et son *Hop-Frog*, surtout.

L'*Entrée du Christ!* Ah! que ceux qui n'ont pas vu cette merveilleuse eau-forte, rehaussée d'aquarelle, imaginent une grande descente de masques du fond d'un faubourg, qu'éclaire un ciel jaune ; qu'ils imaginent la plus folle et la plus hilarante variété qui soit de hideuses têtes, juchées sur des défroques lamentables d'arsouilles ; qu'ils imaginent une débandade de bonnes, de juges, de cochers, de portefaix et le Christ sur un âne, derrière les rigides rangs de miliciens grotesques et empanachés de bonnets à poils ; qu'ils se disent que tous ces masques n'ont eu garde d'oublier leurs bannières aux inscriptions comiques ; qu'ils conçoivent, s'ils le peuvent, ce qu'une réelle verve peut donner en étonnement et en admiration ; qu'ils croient à une gravure échafaudée de façon un peu naïve et lavée de tons transparents très clairs, comme il s'en fit quelques-unes autrefois dans la maison Pellerin, à Epinal ; — et ils auront, en marche, une foule qu'allègrent de fracassantes musiques, une foule qui se gonfle et qui rougeoie, qui beugle et qui exulte, dans la joie du postulat enfin réalisé des dimanches de liesse et des jours fous !

Mais la planche intitulée *Hop-Frog* n'est pas moins admirable. La foule est, cette fois, au repos. C'est une superbe symphonie en jaune, en rouge et en bleu, qui se déploie sous une nef qui monte jusqu'aux astres. Il est vain par exemple de rêver plus splendide et plus folle représentation du drame de Poë. La foule bariolée regarde, les yeux béats, brûler les orangs. L'un d'eux est déjà tombé à terre, et ses pieds se recroquevillent et amusent le rang de face des spectateurs costumés en Turcs, en magistrats, en princes de l'Orient ; tandis que le leste et subtil Hop-Frog, grimpé sur le lustre humain qui arde, songe à Tripetta vengée et s'éjouit. Du parquet au faîte chargé de foule de la haute nef, les masques considèrent frénétiquement le spectacle. Il est, en vérité, jovial et funèbre, tragique et comique, d'une variété amusante de pifs et de trognes, de gras et de maigres, de géants et de courtes bottes ! Mais ce qu'il faut voir et retenir, c'est l'intense vie dispensée à tous ces personnages, c'est la bouffonnerie aiguë qui tord toutes les bouches épanouies en croissants de lune ! Et combien Ensor est à l'aise dans le groupement, dans les hiérarchies ! Il connaît, ce clairvoyant, toutes les ressources des masques, ce qu'ils ajoutent de hideux ou de grotesque à la face humaine, et il figure, sans chopper, les majestés de lions tombés dans la débine et le simple groin.

Et c'était comme cela, en cette galerie intime de l'autre côté de l'eau, toute une série prestigieuse de planches, telles que les *Masques scandalisés*, les *Masques intrigués*, le *Christ aux Enfers*, les *bons Juges*, la *Multiplication des poissons* et encore une terrible

Luxure, qui fit, récemment, hennir M. de Phocas.

Ah! vous pouvez bien, mon cher Lorrain, rechercher cet Ensor comme l'*illustrateur*-né de vos plus hallucinantes méditations; car, dans l'œuvre du maître d'Ostende ils et elles abondent, les M. de Gondrecourt et les Mme Gorgibus, dont vous nous faites connaître les funèbres aspects. Puis il y a dans votre livre tant de caractères encore de petites villes mortes, des dolents et blêmes paysages, un vieux Péronne entre autres, d'une vie si close, si claquemurée entre ses remparts, que je songe à des campagnes pareilles près de Mariakerke, et que James Ensor représenta maintes fois. Il me semble donc bien que lui, le peintre, et vous, l'homme de lettres, vous avez exploité à vous deux et sans vous connaître, si je ne m'abuse, un domaine singulier et magnifique, sur lequel vous avez mis parallèlement votre empan.

Mais en particulier pour vous, mon ami, je ne sache pas qu'il y ait dans les Lettres contemporaines une Imagination capable de créer de plus équivoques personnages et de les faire vivre dans des décors, intérieurs ou paysages, plus appropriés ; et, quand vous les présentez, qui ne goûte enfin votre style descriptif, coloré, vivant, alerte et rythmé, spirituel, fantaisiste, ce style de charme et de ressources qui a d'imprévus retours d'images et comme de perpétuels enchantements par tant d'épithètes heureuses !

Gustave Coquiot.

HISTOIRES DE MASQUES

L'UN D'EUX

Le mystère attirant et répulsif du masque, qui pourra jamais en donner la technique, en expliquer les motifs et démontrer logiquement l'impérieux besoin auquel cèdent, à des jours déterminés, certains êtres, de se grimer, de se déguiser, de changer leur identité, de cesser d'être ce qu'ils sont ; en un mot, de s'évader d'eux-mêmes ?

Quels instincts, quels appétits, quelles espérances, quelles convoitises, quelles maladies d'âme sous le cartonnage grossièrement colorié des faux mentons et des faux nez, sous le crin des fausses barbes, le satin miroitant des loups ou le drap blanc des cagoules ? A quelle ivresse de haschisch ou de morphine, à quel oubli d'eux-mêmes, à quelle équivoque et mauvaise aventure se précipitent, les jours de bals masqués, ces lamentables et grotesques défilés de dominos et de pénitents ?

Ils sont bruyants, débordants de mouvements et de gestes, ces masques, et pourtant leur gaieté est triste ; ce sont moins des vivants que des spectres. Comme les fantômes, ils marchent pour la plupart enveloppés dans des étoffes à longs plis, et, comme les fantômes, on ne voit pas leur visage. Pourquoi pas des stryges sous ces larges camails, encadrant des faces figées de velours et de soie ? Pourquoi pas du vide et du néant sous ces vastes blouses de pierrot drapées à la façon de suaires sur des angles aigus de tibias et d'humérus ? Cette humanité, qui se cache pour se mêler à la foule, n'est-elle pas déjà hors la nature et hors la loi ? Elle est évidemment malfaisante puisqu'elle veut garder l'incognito, mal intentionnée et coupable puisqu'elle cherche à tromper l'hypothèse et l'instinct ; sardonique et macabre, elle emplit de bousculades, de lazzis et de huées la stupeur hésitante des rues, fait frissonner délicieusement les femmes, tomber en convulsions les enfants, et songer vilainement les hommes, tout à coup inquiets devant le sexe ambigu des déguisements.

Le masque, c'est la face trouble et troublante de l'inconnu, c'est le sourire du mensonge. c'est l'âme même de la perversité qui sait corrompre en terrifiant; c'est la luxure pimentée de la peur, l'angoissant et délicieux aléa de ce défi jeté à la curiosité des sens : « Est-elle laide ? est-il beau ? est-il jeune ? est-elle vieille ? » C'est la galanterie assaisonnée de macabre et relevée, qui sait ? d'une pointe d'ignoble et d'un goût de sang ; car où finira l'aventure ? dans un garni ou dans l'hôtel d'une grande demi-mondaine, à la Préfecture peut-être, car les voleurs se cachent aussi pour commettre leurs coups, et, avec leurs sollicitants et terribles faux visages, les masques sont aussi bien de coupe-gorge que de cimetière : il y a en eux du tire-laine, de la fille de joie et du revenant.

Voilà, pour ma part, l'impression un peu

opprimante et déprimante aussi que me laissent les masques; or, cela est tout personnel, mais l'âme d'un de ces masques. le passé ou même la minute présente d'un de ces êtres mystérieux de soie et de carton, d'un de ces masques isolés, surtout de ceux que l'on voit, les nuits de bals masqués, errer grelottants et piteux, d'un trottoir à l'autre, sous les quolibets des passants, voilà ce qu'il serait curieux de connaître ; la raison du costume et de l'incognito d'un de ces désemparés, inquiétantes épaves de la joie populaire échouées, par les nuits de gelée, à travers les grandes villes, fantoches nocturnes nés peut-être à la lueur blême des becs Auer et des lampes électriques, au jour naissant évanouis.

Il y a une dizaine d'années, il me fut donné de rencontrer un de ces masques, un de ces mystérieux anonymes des nuits de bals, et dans des circonstances qui, resongées depuis, ont donné à l'être coudoyé, cette nuit-là, la grandeur tragique d'une figure. Ce déguisé, pour moi, est demeuré le masque, le masquetype, symbole vivant d'un mystère innomé et d'une énigme pressentie.

Je m'étais terré cet hiver-là aux environs de Paris; j'avais un long et minutieux travail à terminer; et des raisons de santé, d'économie aussi, m'avaient décidé à m'éloigner momentanément. Mes affaires m'appelant souvent rues de Richelieu et Saint-Lazare, j'avais choisi un coin parmi la grande banlieue, celle que dessert la ligne de l'Ouest, et j'hivernais alors assez tristement dans un petit village, entre Triel et Poissy.

Le samedi gras tombait, cette année-là, le vingt-cinq février; la coïncidence d'une affaire à conclure avec un journal et d'une invitation à dîner m'avait amené à Paris. Il y avait bal à l'Opéra, et, sous la neige floconnante, je m'étais attardé à regarder les masques et les dominos s'échelonner sur les marches du monument Garnier : des fiacres, des coupés de maître en versaient à chaque minute tant sous le péristyle du théâtre que devant les brasseries et les cafés; puis c'étaient des trôlées de pierrots et de moines s'engageant sur la place gardée par des municipaux à cheval et, en dépit des sergents de ville, gambadant et formant des rondes dans le grand espace vide réservé à la circulation des voitures ; comme un vent de folie soufflait cette nuit-là sur la ville, tant et si bien qu'amusé, intéressé moi-même, j'oubliais l'heure du dernier train possible, et qu'à minuit et demi j'étais encore assis dehors, à une table de café. Plus de train maintenant avant deux heures du matin ; je prenais mon parti assez gaiement, car il y avait encore foule de curieux sur le Boulevard et des cris et des lazzis dans les brasseries bondées de costumes ; mais, vers une heure, les rues et les établissements de nuit se vidèrent, les déguisés rentraient au bal et les flâneurs au logis ; la vie et le mouvement ne reprendraient plus maintenant qu'à l'heure des soupers ; pas mal d'établissements fermaient et, sous la neige toujours plus dense, je me levai assez tristement et me dirigeai vers la gare.

Il y avait aussi bal à l'Eden cette nuit-là, et de la façade illuminée de la rue Boudreau un bruit de bacchanale monstrueuse montait, ronflait, assourdissait ; au loin, en écho, c'étaient les valses distinctes venant de l'Opéra. Dans la rue Auber, déjà noire, un masque marchait devant moi ; enveloppé d'un grand burnous d'Arabe, la tête encapuchonnée de sombre, il allait évidemment à l'Éden.

Il ne s'était pas mis en frais, ce masque, car ce burnous, ce capuchon, l'incohérence même de ce costume de bric et de broc révélaient assez le déguisement improvisé, machiné au dernier moment au hasard des tiroirs. Je le suivais quand même, instinctivement, des yeux ; mais, une fois dans la projection lumineuse de l'Éden, le masque s'arrêtait et, au lieu d'entrer, hésitait, piétinait dans la neige fondue, arpentait le trottoir, et finalement regagnait la rue Auber dans la direction de l'Opéra.

Mais je l'avais vu ; ce que j'avais pris pour un capuchon noir était un camail de velours vert, un camail de moine, et dans l'ovale du capuchon une étoffe métallique et brillante percée à la place des yeux, une cagoule de drap d'argent luisait d'une façon bizarre.

« Encore un qui paraît manquer de décision », pensai-je en moi-même.

Et je poursuivis mon chemin.

Arrivé cour de Rome, le temps de prendre un dernier grog dans une des brasseries voisines, je montais l'escalier et pénétrais dans la salle d'attente. Je tressautai de surprise : ce grand manteau d'une blancheur soyeuse, cette face de craie dans ce capuchon verdâtre!... mon masque était là ; là, dans cette grande salle banale et solitaire où il n'y avait que lui et moi. Le gaz flambait haut entre les murs lambrissés de chêne, et, affalé dans un des fauteuils de velours vert, l'étrange voyageur se tenait, le menton appuyé dans une main, dans l'évidente attente du train que j'allais prendre.

Je le croyais au bal, et l'inexpliqué de sa présence me donnait un peu froid ; m'avait-il suivi ? Non, puisque je le trouvais là ; il ne bougeait pas, et en suivant la direction de ses yeux je vis qu'il était absorbé dans la contemplation de ses jambes. Elles étaient moulées dans un maillot de soie noire qui l'enserrait

tout entier, car son burnous s'était un peu
ouvert ; mais, chose bizarre, tandis que sa
jambe droite était haut gantée d'un bas de
femme, un bas de soie vert glauque, serré
au-dessus du genou d'une jarretière de moire,
l'autre pied avait une chaussette d'homme,
une chaussette de soirée à semis de fleurettes,
si bien qu'il était double, ce masque, et joignait au charme terrifiant de sa face de
goule le trouble équivoque d'un sexe incer-
tain.

Son costume, que j'examinais, révélait
maintenant des préciosités voulues : une
énorme grenouille de soie verte s'étalait
brodée à la place du cœur et, autour de son
capuchon de velours glauque, une couronne,
que je n'avais pas d'abord remarquée, se tres-
sait, composée de grenouilles et de lézards.
Le burnous arabe l'enveloppait comme d'un
suaire, et sa cagoule de drap d'argent évoquait
des idées de lèpre et de peste, de maladies
maudites comme en connut le moyen âge.
Un damné devait grimacer sous ce masque ;
il était à la fois oriental, monastique et démo-

niaque ; il sentait le lazaret, le marécage et le cimetière ; il était aphrodisiaque aussi dans sa souple et ferme nudité soulignée par le maillot noir. Homme ou femme, moine ou sorcière ? Et, quand il se leva au : « Messieurs les voyageurs, en voiture ! » de l'employé de la Compagnie, je crus voir se dresser devant moi le spectre de l'éternelle Luxure, la Luxure d'Orient et la Luxure des cloîtres, la Luxure au visage dévoré par des chancres, la Luxure au cœur flasque et froid comme un corps de reptile, la Luxure androgyne ni mâle ni femelle, la Luxure impuissante, car, suprême détail, le masque tenait à la main une large fleur de nénuphar.

L'être au burnous montait dans un wagon de première ; j'attendis qu'il y fut installé pour monter à mon tour dans mon compartiment. Je serais plutôt demeuré coucher à Paris que de voyager en tête à tête avec cette face d'ombre ; mais une curiosité m'obsédait, une angoisse aussi, et je ne respirai un peu que lorsque le train se mit en marche.

Le premier quart d'heure fut lugubre. Si le

masque allait pénétrer dans mon compartiment. de quel côté allait-il apparaître? Je surveillais les deux portières, prêt à tout événement; mais mon voisin ne bougeait pas, il ne faisait même aucun bruit; la tentation était trop forte : je me levai et m'approchai de la petite vitre de communication.

Sous la clarté diffuse de la lampe, le masque était là accoudé, presque couché dans les grands plis de son burnous, ses deux jambes étonnamment fines allongées sur la banquette; il tenait à la main un petit miroir de poche et s'y regardait longuement; il se regardait et la cagoule argentée lui couvrait toujours le visage.

Etrange voyageur! Je ne pouvais quitter mon poste d'observation. Le train, un interminable omnibus de nuit, roulait avec lenteur à travers la banlieue neigeuse. Le masque descendit à la quatrième station, il était près de trois heures du matin; ni diligence, ni voiture à l'arrivée en gare, personne. Il remettait son ticket à l'employé, franchissait la barrière et s'engouffrait en rase campagne, dans le noir, dans le froid, dans de l'inconnu.

CHEZ L'UNE D'ELLES

Nous avions déjeuné chez Alice ; on s'était mis à table à une heure, car le moyen d'arriver exactement, par ce froid terrible ? et l'atmosphère déjà plus obscure marquait quatre heures et demie, que nous étions encore à traîner dans le salon autour des tasses à café et des verres à liqueur, posés, au hasard, un peu sur tous les meubles.

Alice, alanguie de cette lassitude qui la fait toujours comme brisée, s'était jetée au travers d'un divan à même un écroulement de coussins, où sa longue robe de dentelles blanches s'évasait et flottait avec des pâleurs de linceul ; ses deux petits pieds gantés de soie rose avaient laissé choir leurs mules ; Jacques de Tracy, assis à l'extrémité du divan, les avait pris entre ses mains, tandis que Maxime Danfre, installé, lui, sur un pouff auprès de la belle fille étendue, attardait ses doigts dans les mèches soyeuses et parfumées d'une brune chevelure éparse. Les longs bandeaux ondulés d'Alice que tout Paris applaudit chaque soir, étoilés et piqués de diamants opimes, avaient coulé en ruisseaux d'ombre sur ses épaules et ses bras nus; et Maxime, ce dilettante de sensations, s'y caressait lentement les doigts, tout en humant l'odeur d'encens de la nuque et des chairs nues. Alice, elle, d'une pâleur de morte avec ses grands yeux de curieuse dévorants et dévorés d'une flamme sourde, s'abandonnait à la double caresse et de ses orteils pétris et de ses cheveux maniés, silencieuse, passive; son immobilité la faisait redoutable, étrange et redoutable à la manière d'une idole dans le clair-obscur de la pièce assombrie; et sans l'éclat de ses yeux égarés, agrandis de morphine, on eût cru à quelque lugubre veillée, à quelque moderne Juliette déjà tombée aux mains des embaumeurs. Des relents de Chypre, de tabac turc et d'éther flottaient aux plis des tentures; au piano, Georges Zemiusko, le compositeur hongrois, martelait lourdement la marche funèbre de Chopin : c'était délicieux. macabre et charmant.

Alice se soulevait sur un coude : « Assez de musique comme ça, mon petit ! faisait-elle à Zemiusko, tu joueras le reste à mon enterrement. Et vous autres, ajoutait-elle en enveloppant d'un regard dédaigneux l'assistance, amusez-moi, trouvez-moi quelque chose qui me fasse attendre six heures, — six heures, l'heure du rendez-vous des affaires sérieuses. » A quoi Jacques de Tracy : « Tu vas chez ton couturier ? — Mc couturier, non ; pis que ça, je vais au bar retrouver mon amant. » Et brusquement redressée, soudain debout avec un ondulement irrité de vipère, la jolie créature s'étirait les bras et, après quelques glissades sur le parquet dans un mol envolement de toutes ses dentelles blanches, houlait tout à coup des épaules et d'une voix traînarde :

Je fis connaissance au mois d' décembre,
Près d' Billancourt,
D'un marinier rouquin comme l'ambre
Un vrai brin d'amour.

Mais elle s'était déjà jetée au travers du

divan et cette fois, couchée à plat ventre, elle venait d'arracher à Maxime sa cigarette, en tirait trois bouffées et, la lui rendant avec un geste gamin : « J'aime assez le goût de tes lèvres, quand tu voudras, oui, tu m'auras. Raconte-moi une histoire, mais bien ignoble, qui donne la chair de poule et en même temps mal au cœur, une histoire comme en invente Marcel Schwob, ou bien une qui te soit arrivée. » A quoi Maxime : « Trop flatté ! En vérité, merci. Mais puisque la dame le veut, on va essayer de plaire à la dame. » Et comme Zemiusko resté au piano le taquinait doucement en cherchant un accord : « Ohé ! un peu de silence, vous autres ! Je commence. — Tu ne veux pas d'accompagnement en sourdine aujourd'hui ? — Non, ce sera pour demain soir chez la duchesse. Les femmes du monde n'avalent la littérature qu'en musique. » A quoi Alice, tout à coup redressée et assise : « Les femmes du monde, espèce d'insolent ! Mais j'ai eu plus de ducs dans mon lit qu'une banquière juive en mal de réceptions. Je veux de la musique à votre histoire, mon petit Maxime.

— Soit, mais en sourdine ; tu entends, Zemiusko ? — Oui, en sourdine ; et qu'est-ce qu'il faut jouer à Monsieur ? » Et Danfre, après une hésitation : « Mais l'*Invitation à la valse* irait assez pour ce que je vais dire à la dame. — Va pour l'*Invitation!* — Du chevalier Karl-Maria de Weber ? — Du chevalier Karl-Maria de Weber. — Oui, bravo pour l'*Invitation!* Mais attendez que je commande des sodas. » Alice venait de se lever et de frapper sur un gong : « Au whisky, n'est-ce pas ? Et pour vous ? (Elle s'adressait à de Tracy.) Votre cochonnerie ordinaire, du lait, de la glace pilée et du jus de citron ? et une paille, n'oublions pas une paille ! Quel camembert dans l'estomac, ô mes enfants ! » Et quand elle eut donné l'ordre au domestique apparu entre deux portières, et qu'elle se fut recouchée au milieu des coussins de velours persan et mousseline Liberty, Zemiusko attaqua doucement, oh ! si doucement ! l'*Invitation* de Weber, et Maxime Danfre commença :

— « Vous voulez de l'ignoble, en voilà.

« C'était il y a quatre ou cinq ans, mettons

six ans, à cette époque de l'année, en plein carnaval. Il faut vous dire que j'habitais alors l'autre côté de l'eau, car il n'y a pas que les filles qui passent les ponts ; la littérature a ses phases comme la galanterie. Du quartier Latin elle émigre à Montmartre et avec le succès descend au Boulevard, à moins qu'elle ne s'installe dans la plaine Monceau ou les avenues du Trocadéro-Passy, ce qui est alors l'apothéose, la consécration de la fortune faite, le petit hôtel avec écurie et remise des Alice, des Liane et Cie.

« J'habitais donc de l'autre côté de l'eau et j'avais été ce soir-là au bal de l'Opéra. Fichue idée, car ils étaient, cette année, mortellement tristes. Sont-ils plus gais maintenant? J'en doute, et je n'irai pas y voir. Vers les trois heures du matin, après avoir offert bon nombre de sherry-cocktails à des premières de chez Worth et de chez Virot, déguisées pour la circonstance en femmes du monde, je me trouvais assez penaud sous le péristyle de l'Opéra, devant un Paris transformé en Saint-Pétersbourg. Tout était blanc, les toits des rues Auber et Halévy, ceux de l'avenue de l'Opéra, les trottoirs aussi, et la place, où des fiacres devenus rares faisaient une tache d'encre, s'étalait avec des pâleurs de steppes entre les vitres enflammées du café de la Paix et la devanture hermétiquement close de Ferrari.

« D'ailleurs la température était presque douce, la neige en tombant avait comme ouaté l'atmosphère ; molle et craquante sous les pas, elle invitait à la marche avec ses hauts tapis de cygne déroulés le long des rues et des boulevards, et je me décidai à rentrer à pied à travers la féerie de givre et d'eau gelée de la ville endormie. »

« A moi mon sténographe ! s'esclaffait de Tracy, la voilà bien, la bonne copie !

— Si l'on m'interrompt, je coupe la communication : Je n'aime pas qu'on piétine dans ma neige.

— C'est bon, c'est bon, nous sommes tous à l'appareil. »

Et Danfre reprenait :

« J'enfile l'avenue de l'Opéra, la place du Carrousel, et sur le pont des Saints-Pères, tout en velours blanc au-dessus de la Seine figée, à la fois boueuse et brillante comme de la cassonade, j'avise une étrange silhouette accoudée au parapet. Enveloppé d'une pelisse de petit-gris, un châle de laine blanche rabattu sur les yeux, c'était, les jambes nues grelottant dans un maillot chair et les pieds chaussés de cothurnes, un masque, un petit masque de samedi gras, attardé comme moi, par cette nuit de février, et qui regardait mélancoliquement la Seine charrier ses glaçons. La Seine... J'eus l'immédiate pensée d'un suicide ; toute la misère, toute la dèche âpre et noire de certaines légendes de Forain me revinrent en tête, et j'eus la vision soudaine et nette d'un intérieur sans feu, sans literie même, tout ayant été engagé au Mont-de-Piété en vue du costume, et qui sait ? peut-être un berceau avec un pauvre gosse à demi mort de froid, attendant ce retour de bal.

« Je m'approchai du travesti, il ne sursauta pas ; ni recul ni frayeur : « Mon enfant, il ne « faut pas rester là. Je vais vous reconduire, « si vous êtes souffrante. » Le masque prit simplement mon bras et se mit à sautiller gentiment dans la neige, essayant de régler son pas sur le mien.

« Étrange rencontre et plus étrange créature ! Un loup de satin noir dérobait son visage, et les boucles de sa perruque blonde me venaient à peine à l'épaule, mais ses jambes étaient fines et musclées, d'un dessin très pur ; ses hanches me frôlaient en marchant, précisant peu à peu leur caresse ; son bras maintenant appuyait sur le mien et, sous le satin du loup, les yeux sollicitaient avec une insistance bizarre.

« C'était une fille. Au bout de dix minutes, je n'avais plus un doute et, chatouillé par un demi-désir, tenté par l'occasion, je l'avais prise à mon tour par la taille, et nous marchions serrés l'un contre l'autre, moi bien décidé pourtant à ne pas emmener cette créature de rencontre chez moi. Où aller ? Cette fille devait connaître des endroits ; j'abordai franchement la question : « Oh ! je connais justement un « petit hôtel tout près d'ici, et bien commode, « va ! tout près d'ici, presque sur le quai, rue Gît- « le-Cœur. » Rue Gît-le-Cœur, je ne voyais pas bien ça. Cette ruelle noire et puante près de la

rue Séguier... un hôtel par là... Et puis la voix enrouée de ma conquête venait de me jeter un froid. « Mais bah! me disais-je, les Espa-
« gnoles ont encore la voix plus rauque, et la
« créature paraît avoir un joli corps. Va pour la
« rue Gît-le-Cœur! »

« Mais arrivés devant le garni, une ignoble porte à claire-voie une fois ouverte au coup de sonnette de ma compagne, c'était une allée si puante et si noire, une si équivoque lanterne allumée au pied de l'escalier, que je me cabrai au seuil du coupe-gorge : « Non, faisais-
« je à la créature, je n'entrerai jamais là. » Alors elle, caressante, d'une voix inénarrable :
« Entre donc, va ! il n'y a pas de danger, c'est
« moi le garçon de l'hôtel !... »

— On demande Madame au téléphone, venait annoncer la femme de chambre.

— Oui, c'est assez ignoble, faisait Alice en se levant.

On n'en dit pas plus long chez elle, ce jour-là.

RÉCIT DE L'ÉTUDIANT

Dans l'hôtel garni que j'habitais alors rue du Faubourg-Saint-Honoré, j'avais fini par remarquer une cliente aux allures assez louches. Je n'étais alors qu'un pauvre étudiant en droit, peu préoccupé de l'extériorité des choses et il fallait, pour que cette femme eût attiré mon attention, qu'elle tranchât en effet violemment sur la grise uniformité des autres pensionnaires de l'hôtel.

C'était une locataire... comment dirai-je ?... intermittente... et, bien qu'elle eût sa chambre au mois, elle n'y couchait que rarement ; mais en revanche il ne se passait de semaine qu'elle ne vînt s'y enfermer des couples d'heures, dans la journée et jamais seule. Elle amenait tantôt un homme, tantôt une femme, plusieurs femmes parfois, des amies. L'hiver, on faisait des grands feux et l'on montait du punch ; l'été, des limonades et des sodas.

A l'hôtel, on avait pour elle les plus grands égards ; le tenancier et sa femme en avaient plein la bouche, quand ils parlaient de Mme de Prack : elle devait solder généreusement les notes.

Ce n'était pas une fille comme je l'avais cru d'abord. A la voir rentrer toujours accompagnée, dans les premiers temps, je l'avais prise pour une vulgaire racoleuse et de la pire espèce, puisqu'elle s'adressait à toutes et à tous. Il n'en était rien et, toute réflexion faite, ce devait être une affiliée à quelque société secrète, quelque créature traquée par la police, se cachant dans Paris à travers des domiciles et sous des noms divers : femme d'anarchiste, âme d'un complot, ou peut-être tout simplement quelque voleuse faisant partie d'une bande, une de ces aventurières qui opèrent dans les grands magasins, renseignent la basse tourbe des pègres sur les bons coups à faire, et pratiquent à la fois la quête à domicile, le vol et le recel. Et puis d'autres considérations me réquéraient : cette femme n'était peut-être après tout qu'une vicieuse, quelque anonyme de la débauche venant se délasser, dans de clandestines orgies, des ennuis journaliers d'un mari, d'un ménage et d'un intérieur bourgeois.

Bourgeoisie en tout cas cossue, car Mme de Prack faisait relativement de grosses dépenses dans ce petit hôtel d'employés et d'étudiants pauvres : elle y arrivait toujours en fiacre, en repartait de même, et les hommes qu'elle amenait étaient en général mal vêtus, semblaient appartenir à la classe inférieure : petits chapeaux melon, longs pardessus fatigués, foulards défraîchis, mais étaient pour la plupart singulièrement lestes et désinvoltes, tournures de gymnasiarques et d'acrobates, si bien que je m'étais arrêté, en fin de compte, à l'hypothèse d'une agence théâtrale, d'une entreprise d'engagements pour des music-halls et des cirques de province, dont Mme de Prack était le représentant.

Les femmes qu'elle amenait étaient plus élégantes et, avec leurs cheveux rougis au

henné, leurs yeux faits et leur bouche touchée
de fard, avaient entre elles un même air de
famille, acteuses de petits théâtres ou filles de
restaurants de nuit ; leur verbe haut, leurs
toilettes voyantes, leur gesticulation hysté-
rique tranchaient sur le ton et les allures
excessivement sobres de leur amie.

Mme de Prack avait une tenue parfaite. Toujours vêtue de noir, engoncée l'hiver dans de
molles fourrures, gainée l'été dans des tulles
et des mousselines de soie qui l'amincissaient
encore, elle dissimulait sous d'épaisses voilettes
un visage singulièrement pâle, aux yeux comme
gouachés de kohl entre leurs paupières meur-
tries, et qui n'aurait pas été sans charme sans
l'importance qu'y prenait le nez un peu long.
La bouche trop grande aussi déparait le visage,
mais elle s'ouvrait très rouge sur de petites
dents écartées et brillantes ; un peu ombrée,
la bouche, à la commissure des lèvres, et ce
large sourire ponctué d'imperceptibles moustaches ne manquait pas d'un certain piment.
Avec sa face étroite, son menton pointu et son
profil chevalin, elle ressemblait un peu à une

longue sauterelle, elle en avait les mouvements à la fois saccadés et lents. Mme de Prack était très brune, et de longs cils frisés veloutaient d'une langueur obscène l'onde obscure de deux yeux dolents.

Mme de Prack devait avoir un rude tempérament (les apparences le plaidaient toutefois), car, si elle n'était ni la voleuse ni l'agent dramatique qu'on pouvait supposer, elle demeurait alors un fin limier de luxure; et, à en juger au gibier qu'elle rabattait, plume et poil, tout lui était bon.

Il m'était arrivé plus d'une fois de la coudoyer dans l'escalier de l'hôtel ; elle montait, je descendais ou *vice versa*, et chaque fois ça avait été de ma part des frôlements et des hardiesses de main traînant sur la rampe et tâchant d'y rencontrer la sienne, car cet énigmatique sourire ombré et ces yeux prometteurs me lancinaient; mais j'en avais été chaque fois pour mes frais. Je n'étais pas son type, il fallait le croire, et ses yeux d'une insistance si étrange ne s'étaient jamais appuyés sur les miens. Je lui en gardais pendant quelque temps rancune ; cette longue femme aux yeux mouillés eût été une maîtresse exquise et commode ; c'eût été l'aventure et le mystère à portée de la main. Les gens de l'hôtel étaient d'un mutisme absolu sur leur locataire ; impossible d'en rien tirer. Comme je l'ai déjà dit, Mme de Prack devait être très généreuse. Dépité dans ma vanité, j'eus la vilenie de méditer pendant quelque temps le bon tour que je pourrais jouer à ma voisine, et puis je n'y songeai plus.

Le hasard, ce grand maître des dénouements, devait m'aider à déchiffrer une partie de l'énigme. C'était à la fin de l'hiver ; je me trouvais un soir aux Français, tout modestement au parterre, dans les derniers rangs. On jouait le répertoire, et ces chers sociétaires somnolaient ; ils somnolaient même si profondément, que je n'écoutais plus du tout leur débit monotone, tout entier à la conversation chuchotée derrière moi par deux femmes, deux femmes invisibles derrière la grille remontée d'une baignoire, et voici les bribes d'entretien que je recueillais :

« Non, je n'oserai jamais ! faisait une voix. Et puis, comment quitter mon hôtel en domino ? Il y a la livrée. Je suis bien sûre de ma femme de chambre, mais le valet de pied et le concierge sont tout à la dévotion du marquis. Je suis surveillée, espionnée, vois-tu. Toi, il te supporte tout. — Et comme il a tort ! pouffait l'autre femme. — Le fait est que sa confiance l'honore. Non, vois-tu Lucie, il n'y faut pas penser, et Dieu sait pourtant que j'aurais aimé à aller à ce bal ! Oh ! errer, toute une nuit, libre sous le masque, coudoyer, frôler, avec la certitude de n'être jamais reconnue, toutes les luxures, tous les vices qu'on soupçonne et tous ceux qu'on ne soupçonne pas. — Oh ! ça ne manque pas de saveur, et encore tu ne peux pas te douter des aventures qu'on peut rencontrer ces nuits-là. » Ici une confidence s'étouffait dans des rires, et la voix de celle qui hésitait, reprenait plus distincte : « Mais toi-même, comment fais-tu avec tes gens ? Ton seigneur est jaloux ? — Mais, ces soirs-là, je dîne en ville ou bien je couche chez ma mère ; et puis vraiment, tu es trop innocente, ma petite Suzanne. Moi, vois-tu, je me passe toutes mes fantaisies. La vie est courte et je veux la vivre. Ce n'est pas bien malin pourtant, le truc de l'hôtel meublé où l'on a une chambre au mois sous un faux nom; ainsi moi qui te parle »... L'acte était fini, les spectateurs se levaient dans un bruit de souliers remués et de fauteuils à ressort qui se relèvent; je n'en entendis pas plus, ce soir-là.

Dix jours après, le maître de l'hôtel vint à mourir. L'influenza l'emportait en moins d'une semaine, et, dans le petit salon du meublé converti en chapelle ardente, c'était auprès du cadavre la veillée morne de la tenancière atterrée de la perte du mari et de l'associé. On avait fermé les volets et, dans la pièce obscure, la pauvre femme, assistée de deux parentes, essayait de s'isoler au milieu du désarroi des gens de service et d'un départ de voyageurs, professionnellement attentive, en dépit de son chagrin, aux incessantes rumeurs de la rue et de l'hôtel. Nous étions entrés, un pensionnaire et moi, présenter nos condoléances à la veuve; les banalités d'usage avaient été dites et, un peu gênés, nous nous taisions maintenant, ne sachant comment partir. Tout à coup, devant la porte, c'était l'arrêt d'un fiacre, une montée de pas précipités dans l'escalier, et, dans un ébouriffement d'astrakan noir, Mme de Prack s'irruait dans la pièce. Mme de Prack n'était pas seule ; une autre femme, jeune, élégante et très voilée, l'accompagnait.

C'était chez les nouvelles venues un mouvement de recul ; elles ignoraient l'événement et s'effaraient devant cet appareil funèbre ; mais Mme de Prack se remettait vite. Après quelques mots et un serrement de main à la veuve : « Désolée, navrée, pauvre chère Madame ! Mais pourtant un service. Où avez-vous mis mes dominos, mes perruques, tout mon attirail de déguisement ? » Et, comme l'hôtelière interdite avait un geste de stupeur, « C'est que Madame (et elle désignait l'inconnue), c'est que Madame m'accompagne demain au bal, et je lui prête un de mes costumes et nous voudrions l'essayer. Je vous dérange ? » La veuve, les yeux soudain remplis de larmes, montrait d'un air navré une armoire, de l'autre côté même du cadavre; le mort était placé devant.

— « C'est très ennuyeux en effet, mais que voulez-vous ? ce n'est pas de ma faute, et mon amie est très pressée. » La veuve, tout à coup redressée, était retombée sur sa chaise; elle sanglotait maintenant en silence, les mains à plat sur ses genoux, tout le visage suppliant, mais la de Prack demeurait toujours là, sa longue figure pâle impérieuse et mauvaise. L'hôtelière faisait un effort et, prenant son trousseau de clés à sa ceinture, enjambait le cercueil, et, les jambes écartées, à cheval au-dessus du mort, ouvrait l'armoire et passait à sa cliente impassible tout un amoncellement de satins, de velours et de dentelles.

Une perruque qui pendait en dehors d'un paquet faillit s'allumer à la flamme d'un cierge; une angoisse nous étreignait. « Merci », faisait Mme de Prack en aplatissant d'un revers de main les camails et les robes ; puis se tournant vers sa compagne : « Allons, Suzanne, tu viens ? »

LE MASQUE

« Dans vos *Sensations et Souvenirs*, vous avez raconté une petite mésaventure d'écolier, pas bien méchante en elle-même, mais dont l'affreuse impression n'a pas laissé que de me troubler. Vous savez? l'histoire du crapaud, la soudaine apparition dans une source, où vous veniez de boire, d'un flasque et monstrueux batracien ! Circonstance aggravante, l'ignoble bête avait les yeux crevés, et l'eau, que vous veniez de puiser, en prit dans votre bouche un effroyable goût de sang. Ç'a été, dites-vous, une des plus angoissantes impressions de votre enfance. A vous en croire, c'en est même resté le plus tenace souvenir ; et cette rencontre faite il y a plus de vingt-cinq ans, vous ne pouvez encore en évoquer la minute sans sentir votre cœur chavirer sous vos côtes, et remonter à vos lèvres une indicible nausée de dégoût. Eh bien, moi aussi j'ai un crapaud dans ma vie, et ce crapaud est une histoire de masques ; et, puisque vous les aimez et semblez en faire collection, la voilà, mon aventure de bal masqué. Je ne prétends pas qu'elle vaille les vôtres, mais elle m'a laissé, à moi aussi, une singulière impression de malaise, et rien qu'à rassembler mes souvenirs pour vous la raconter, je sens le froid de la petite mort me courir sous la peau.

— Mes compliments ! vous ne manquez pas de sensualité, faisais-je à mon interlocuteur.

— Peuh ! vous vous moquez. Je ne suis certainement pas un grand clerc, mais j'ai mon système nerveux tout comme un autre, et sans l'avoir développé par l'éther.

— C'est dépravé que vous voulez dire ?

— Dépravé, si vous y tenez. J'ai la prétention d'avoir des sensations et des idées bien à moi et, tout comme un psychologue, ces sensations et ces idées, il m'intéresse parfois de les comparer à celles d'autrui ; cela me confirme même leur existence...

— Et leur valeur. C'est la méthode dite de contrôle. Elle a du bon.

— Vous en êtes meilleur juge que moi puisque c'est là votre métier, cher monsieur, mais revenons à mon histoire de masques. Je vous l'ai annoncée, la voici.

Décidément il n'y avait aucun moyen de l'éviter, cette histoire. Ce diable d'homme n'en voulait pas démordre ; je me mis donc en posture de l'écouter.

« Je ne vous dirai pas que les masques m'obsèdent. Ils ne me jettent pas comme vous dans un état voisin de l'hallucination, et je n'ai jamais rencontré, la nuit, dans les gares, des cagoules de pénitents et des camails de moines enguirlandés de grenouilles. Vous buvez de l'absinthe ? »

Et sur mon affirmation que je ne prenais jamais une goutte d'alcool, mon interlocuteur, l'air plutôt incrédule, continuait :

« Les masques néanmoins me causent une

certaine angoisse, plutôt un malaise qu'une frayeur, malaise que j'attribue, moi aussi, à une petite mésaventure d'enfant et que vous me permettrez de vous narrer.

— Mais comment donc, cher monsieur!

— J'ai, comme vous, été élevé en province, mais la maison de mes parents donnait tout bonnement sur la rue. Pas de profonds ombrages autour de la demeure ; rien, comme vous le voyez, du jardin mystérieux où votre nervosité précoce s'exaspérait à écouter gémir les grands arbres bruissants.

— On ne saurait tout avoir, faisais-je un peu impatienté.

— Je n'en étais pas moins un gamin curieux, flâneur et paresseux avec délices. J'avais un professeur, un vieil agrégé des lettres remercié par l'Université pour ivrognerie, qui venait, tous les matins, de dix à onze heures, m'ingurgiter quelques notions de latin et de grec (à dix heures, M. Trumelin était encore à jeun), et une maîtresse de piano, une demoiselle mûre, couperosée et aigrie, que trois mariages successivement rompus avaient armée d'une terrible rancune contre le sexe! Dans la ville, on n'avait connu qu'un fiancé à Mlle de Méhande; car ma maîtresse de piano était noble et sans fortune, naturellement; mais Mlle de Méhande s'en attribuait trois. Ce triple abandon l'autorisait à une haine corse contre les hommes, qui la lui rendaient bien. Mlle de Méhande, elle, arrivait chez nous à onze heures; mes matinées très remplies se partageaient donc entre les explications somnolentes de mon professeur mâle et les réprimandes à ton bref et les chiquenaudes à doigts pointus de mon professeur femelle. Ainsi l'avait décrété ma famille. Mais, si mes matinées étaient prises, mes journées étaient bien à moi. Je les passais, tapi à l'angle d'une croisée de la salle à manger, le rideau de vitrage à demi relevé, les yeux ouverts sur la rue, une rue de province où il ne passait pas grand monde; et pourtant c'était tout un univers à mes yeux que cette ruelle étroite et froide et comme toujours baignée d'ombre, entre ces grands murs d'anciens hôtels. Le moindre passant y devenait pour moi un événement ; c'était quelque servante du voisinage, un charretier et son tombereau comme égarés dans ce vieux quartier noble, et, plus rarement encore, quelque dame de paroisse cérémonieuse et menue, en toilette de visite, robe de soie craquante, mitaines et mantelet ; et c'était tout, tout l'horizon de mon enfance quasi cloîtrée ; et les heures se traînaient lourdes en dolentes et vagues songeries rythmées par les sonneries d'une chapelle voisine, la chapelle d'un vieux couvent d'Annonciades oublié dans ce quartier d'antiques demeures et d'immenses jardins. »

— « Hum ! ça sera long ! » pensai-je en moi-même.

— « C'est dans cette rue morne que j'eus ma première impression de masques. Un son traînard d'orgue de Barbarie m'avait averti. C'étaient, suivis d'une trôlée de gamins, deux bohémiens montreurs d'ours, accompagnés d'une femme et de deux enfants, toute une famille loqueteuse et sordide : les hommes, la face cuivrée, presque noire, sous des cheveux crépus et luisants; la femme, coiffée d'une marmotte d'indienne éclatante, avec un visage d'oiseau de proie comme jamais je n'en ai vu depuis.

« Tous les trois avaient de grosses lèvres tuméfiées et violettes, des anneaux d'argent aux oreilles et de grands yeux d'un émail si blanc, dans leurs faces hâlées, qu'ils avaient l'air, ces terribles yeux, de briller aux fentes d'un masque.

« Les hommes tenaient en laisse deux gros ours bruns de montagne qui se dandinaient lourdement; la femme, une courroie de cuir aux épaules, tournait la manivelle de l'orgue, tandis que les deux enfants, haut perchés sur des échasses, pirouettaient et valsaient avec des grâces de jeunes singes, la petite fille inquiétante dans une misérable jupe de tulle rose, le torse engoncé de lainages et les chevilles emprisonnées dans deux jambes de pantalon.

« C'était hideux et grotesque. Les gamins du quartier avaient fait cercle et, un peu effarés, se reculaient à chaque pas des ours dansant;

la petite fille les pourchassait en valsant sur elle-même, activant leur fuite de l'offre de sa sébille; il n'y pleuvait pas grands sous ; personne ne se montrait aux fenêtres et, las de leur parade inutile, un des hommes dispersait les gamins en lançant sur eux un des lourds animaux musclés. Mais, entre temps, la femme au masque de chouette s'était approchée de la croisée où j'observais, et, collant son affreuse face noire à la vitre, baragouinait je ne sais quoi d'une voix rauque, qui me fit soudain l'apercevoir.

« L'apparition avait été si brusque que je dégringolai de ma chaise en poussant un cri; je courais me réfugier à la cuisine dans les jupes des bonnes. Toute la nuit je vis grimacer dans mes rideaux des faces aux grosses lèvres bleuâtres et comme trouées, à la place des yeux, d'aveugles regards blancs : ce fut ma première apparition de masques.

— Et votre aventure de bal masqué? demandai-je, un peu nerveux.

Il abusait vraiment, le cher monsieur!

— Mon aventure de bal? La voici ; ce n'est

qu'une impression, elle sera courte. J'habitais alors au quartier Latin, et comme tous les étudiants, pendant le carnaval, nous suivions les bals de Bullier, Bullier qui va disparaître et qui n'était pas encore devenu, pendant les jours gras, le rendez-vous de je ne sais quelle tourbe infâme. Nous étions toute une bande d'amis, d'étudiants en droit et en médecine, et nous avions arrêté le projet de faire une entrée en costumes à Bullier, entre une heure et deux, après avoir couru les cafés. On devait amener sa maîtresse, en tout cas en avoir une, sinon attitrée, tout au moins pour la nuit. Le café de la Source, sur le boulevard Saint-Michel, avait été pris comme lieu de rendez-vous général ; on devait s'y retrouver tous à minuit.

« Tout fier dans un pierrot de satin noir flambant neuf, les boutons remplacés par des bouquets de violettes de Parme, une invention de mon amie, délicieuse en arlequine mauve et jaune, je me trouvais, cette nuit de mardi gras, à la Source, dans la salle du fond, déjà bondée de masques, de costumes, des déguisements les plus osés, les plus extravagants...; il y avait ce soir-là des piles de soucoupes sur toutes les tables, et des cris, et des boniments, et, à chaque entrée d'un nouveau costume, des bans et des lazzis. Il y avait aussi là des gorges blanches, des nuques ambrées, des bras poudrerizés et charnus, mais tous nous avions gardé nos masques ; le plaisant était justement de se reconnaître, de s'intriguer.

« J'étais assez énervé, grisé de bruit, de folie et aussi de liqueurs : tout à coup, au milieu des loups de satin, des faux-nez, des fausses barbes et des cagoules de moines, un masque, un masque de carton imitant à s'y méprendre le visage humain, mais quel visage ! Yeux jambonnés sans cils, lèvres en bourrelets épaisses et saignantes, joues d'un rose de cicatrice et, chose hideuse, pas de nez : une tête camuse et ricaneuse, au sourire figé découvrant les gencives, mais surtout l'horreur de ce nez absent dans cette face rosâtre, donnant l'impression d'une tête d'écorché...

C'était si hideux et si réussi que je ne pus

retenir un cri d'admiration. Le masque s'était assis presque vis-à-vis de nous ; l'horreur qu'il m'inspirait était telle que je ne pouvais en détacher mes yeux ; ma maîtresse était comme moi : je sentais tout son corps frémir. Cette horreur tournait bientôt à l'énervement, à l'angoisse. Le rose honteux de ce masque m'obsédait, si bien que, n'y pouvant tenir : « Assez ! ôte ton masque ! » criai-je à la face de carton. Et comme l'homme n'en faisait rien, d'une main horripilée, devenue hardie, je fis le geste de le démasquer.

« Mes doigts touchaient de la chair... Ce fut un malaise atroce, une minute d'affreuse défaillance ; le masque n'était pas un masque, c'était le vrai visage de ce malheureux : il sortait de l'hôpital.

— C'est en effet, concluais-je, une assez curieuse impression de masque.

LANTERNE MAGIQUE

Pour Mlle *Marguerite Moréno.*

Entr'acte. — L'orchestre Colonne venait d'exécuter en sourdine, du fin bout de l'archet, toute cette délicieuse partie du *Sommeil de Faust*, le Chœur des Esprits et la Danse des Sylphes. Encore tout entier sous le charme de cette hallucinante musique, et peut-être un peu cruellement tombé du haut de mes rêveries esthétiques dans le prosaïsme et le brouhaha d'un entr'acte, je prenais à partie mon voisin de fauteuil, l'électricien Forslter, et croyais me soulager dans cette facile boutade :

« Avouez, cher monsieur, que Berlioz a bien fait de naître en 1803. Né hier, il eût indubitablement mis en symphonie l'électrophore, le câble sous-marin ou quelque autre phonographe ; et sans ce ridicule et nauséeux romantisme, dont il est visiblement imprégné et pourri, nous n'applaudirions pas aujourd'hui la trois cent quatre-vingtième et quelque audition de sa *Damnation*. La science moderne a tué le Fantastique et avec le Fantastique la Poésie, monsieur, qui est aussi la Fantaisie : la dernière Fée est bel et bien enterrée et séchée, comme un brin d'herbe rare, entre deux feuillets de M. de Balzac ; Michelet a disséqué la Sorcière et, les romans de M. Verne aidant, dans vingt ans d'ici, pas un de nos neveux, pas un, en entendant la Danse des Sylphes, n'aura le petit accès de nostalgie légendaire qui me fait divaguer.

— Mais d'une façon charmante, monsieur, et très aimablement.

— Eh ! je vous crois, Monsieur, je suis de la vieille école. La fonte des balles m'impressionne encore dans le *Freyschutz*, moi. Oui, ceci tuera cela. Hélas ! cela a tué ceci. Nous n'avons plus un brin d'illusion dans la tête, mon cher monsieur. Un traité de mathématiques spéciales à la place du cœur, des besoins de goret à l'entour du ventre, des martingales et des tuyaux de courses dans l'imagination avec un mouvement d'horlogerie dans le cerveau, voilà l'homme que nous ont fait les progrès de la science! Si nous souffrons encore un peu, nous autres, c'est que le vieil imbécile emballé et gobeur, le troubadour, l'article 1830, comme ricanent les modernes, se défend et se débat en nous ; mais patience, il agonise. Dans dix ans d'ici, on n'en entendra plus parler : tous bâtis sur le même modèle, utilitaires, sceptiques et ingénieurs. Ah ! le grand Pan est mort, et vous êtes du nombre de ceux qui l'ont tu., oui, vous, monsieur l'électricien, vous êtes un des assassins de la Fantaisie avec votre horrible manie d'expliquer tout, de tout prouver, et auprès de vous le savant Coppelius, oui, l'affreux Coppelius lui-même, l'homme aux poupées de cire, est presque un honnête homme, ou du moins je l'estime relativement pour tel.

— Et ledit Coppelius, si j'ai bonne mémoire, avait quelque peu escamoté la raison de l'étudiant Hoffmann ; or je vous ferai observer que jusqu'ici du moins je n'ai pas le moindre petit cas d'aliénation mentale sur la conscience.

— Je crois bien ! Vous la supprimez, vous, la Folie, la Folie, cette dernière citadelle où un homme d'esprit, à terme de patience, pourrait encore se retrancher !

— Je supprime la Folie?.. Enchanté de l'apprendre, encore un rare et nouveau mérite...

— Vous la supprimez, oui et non. Mais enfin vous l'analysez, vous l'expliquez, la déterminez, la localisez... vous la guérissez au besoin, et par quels moyens ! par l'électricité et la thérapeutique. Vous avez tué le Fantastique, monsieur.

— Ah çà, faisait M. André Forlster en changeant subitement de ton, à demi tourné vers moi, est-ce sérieusement que vous parlez? Où avez-vous pris que nous ayons tué le Fantastique, et que ce cher seigneur ait disparu de nos mœurs !.. Mais jamais, jamais à aucune époque, même au moyen âge, où la mandragore chantait tous les minuits sous l'affreuse rosée dégouttant des gibets, jamais le Fantastique n'a fleuri, sinistre et terrifiant, comme dans la vie moderne ! Mais nous marchons en pleine sorcellerie, le Fantastique nous entoure ; pis, il nous envahit, nous étouffe et nous obsède, et il faut être aveugle ou bien de parti pris pour ne pas consentir à le voir.

— Oui, je sais, l'hypnotisme, le magnétisme, la suggestion et l'hystérie, les expériences de Charcot à la Salpêtrière, les demoiselles échevelées, qui s'arc-boutent sur les mains et font aimablement cerceau sous le fallacieux prétexte qu'on leur a passé dans l'œil un reflet de cuiller, les actes de somnambulisme à tant l'heure, et les grands écarts de Mmes Donato. Moi, j'aime mieux les possédées, les religieuses de Loudun et les convulsionnaires de Saint-Médard ; du moins le décor y était.

— Et vous êtes pour le décor ?

— Absolument. Ces tombes au clair de lune, ce ciel brumeux d'hiver, et, au-dessus de ces torsions et de ces pâleurs de damnées, la bataille éternelle des nuages et les cônes noirs des cyprès agités par le vent... cela vous prenait au moins les nerfs, et l'imagination y trouvait son compte. Et le moindre petit exorcisme, quelle mise en scène ! Au lieu qu'aujourd'hui, quoi ! une pauvre petite salle d'hôpital crépie à la chaux, bien nette et bien froide, une fenêtre sans rideaux et, jetée au travers d'une table moderne, une malheureuse de Saint-Lazare, préalablement abrutie de morphine, nue jusqu'à la ceinture, et tout autour de cette viande de femme, des messieurs décorés, professeurs à la Faculté, et des messieurs non décorés, internes et curieux. Manquent absolument de tenue, les possédées modernes; aucune autorité.

— Manquent surtout de clair-obscur d'église, de reflet de vitrail et de musique d'orgue. Avouez que vous regrettez les Tony Johannot !

— Certes, je les regrette.

— Très pittoresques, en effet, et parfois émouvants : mais quel obstiné vous faites ! Si vous vouliez vous en donner quelque peu la peine, savez-vous qu'à part les gibets, les herbes onduleuses et les croix de cimetière, vous vous convaincriez, et très facilement, que nous marchons en pleine vie moderne au milieu de damnés, spectres à tête humaine et autres épouvantements, que nous frôlons tous les jours des goules et des vampires ; mais vous à qui je parle, vous comptez, je tiendrais le pari, trois ou quatre sorcières parmi vos connaissances. Je connais, moi, deux égrégores et je pourrais ici, dans cette salle du Châtelet, vous désigner et vous nommer plus de quinze personnes absolument défuntes, dont les cadavres ont l'aspect très vivant.

— Vous vous moquez, Monsieur.

— Pas plus que vous, je pense. Donnez-vous seulement la peine de regarder autour de vous ; nous sommes ici en pleine assemblée de sabbat sabbatant, et je mets en fait que, tous les soirs, chaque salle de spectacle parisienne, celle de l'Opéra et des Français en tête, est un rendez-vous des mages nécromans.

— Monsieur, il est un terme à certaines plaisanteries.

— Et j'y mets un terme, en effet. Faites-moi donc le plaisir de prendre cette jumelle

et de suivre la direction que je vais lui donner.
Là-bas, au balcon, ces trois femmes élégantes
en veste de peluche, en chapeau Directoire,
trois demoiselles évidemment. Regardez-moi
ces pâleurs de craie, ces yeux noircis de kohl,
et comme une plaie vive ouverte en pleine
chair, dans ces faces de trépassées, la tache
écarlate des lèvres archi-peintes. Ne sont-ce pas
de véritables goules, de damnables cadavres
échappés du cimetière et vomis par la tombe à
travers les vivants, fleurs de charnier jaillies
pour séduire, envoûter et perdre les jeunes
hommes ? Quel sortilège émane-t-il donc de ces
créatures, car elles ne sont même pas jolies,
ces fripeuses de moelles, plutôt effrayantes
avec leur teint mortuaire et leur sourire
sanguinolent. Hé bien, vous voyez la plus
mince : un de mes amis s'est tué pour elle ; elle
a déjà mangé trois écuries de courses et leurs
propriétaires, et met en ce moment à mal
Bompard, le gros banquier de la rue des Petits-
Champs ; les autres sont à l'avenant. Le comte
de Santiego, mari d'une délicieuse jeune
femme, la plus jolie peut-être de la colonie

espagnole et, de plus, père de deux adorables
Murillo blonds, est en train de se ruiner pour
Irma. la plus vieille. Par quel horrible secret
de luxure cette femme le tient-elle ? Tenez,
elle m'a reconnu et nous sourit de son sourire de goule, tout humide de sang.

Voulez-vous maintenant lire un conte
d'Hoffmann ? Regardez-moi là-bas, dans
l'avant-scène de droite ; voyez-vous la belle
Mme G... : détaillez-moi ces yeux à prunelle
de cristal et ce teint luisant de porcelaine ! Les
cheveux sont en soie et les dents en vraie
nacre, comme celles des poupées. Elle est
émaillée, dit-on, jusqu'au nombril, à cause
des robes de bal, et dit : « Papa, maman, et
bonjour, Excellence », grâce à des corsages à
ressorts articulés. Produit d'exportation, elle
vient d'Amérique, sait manier l'éventail,
plonger la révérence, battre de la paupière et
semble respirer comme une personne natu-
relle : Vaucanson est dépassé. N'est-ce pas
l'Olympia du docteur Coppelius ? Et si un
mécanisme n'anime pas, en effet, ce mannequin de parade, quelle sorte d'âme intermé-

diaire et vague peut bien habiter ce corsage?
Tenir entre ses bras cette Sidonie tournante,
heurter ses lèvres au froid de ces lèvres
de cire, cette idée-là ne vous fait pas frémir?

Fouillez un peu du bout de la lorgnette le
clair-obscur de ces baignoires : ces narines
vibrantes, ces pâleurs de linge, ces prunelles
hallucinées, ces mains exsangues posées au
rebord de velours rouge et tourmentant, nerveuses et fébriles, le flacon de sels ou l'éventail, ce sont les grandes dames mélomanes du
monde... de la haute Banque et de la Sucre-
rie : toutes morphinées, cautérisées, dosées,
droguées de romans psychothérapiques et
d'éther : médicamentées, anémiées, andro-
gynes, hystériques et poitrinaires ; ce sont
les possédées de la nouvelle et jeune aristocratie !

Je vois là-haut, dans une seconde loge, une
petite femme honnête et fraîche comme une
rose, qui ne manque pas une exécution capi-
tale. Je la connais et je la reconnais : elle était
à Marchandon, elle était à Gamahut ; l'été du
crime de la rue Montaigne, on l'a vue venir

huit jours de suite place de la Roquette, pour ne pas manquer celle de Pranzini : une véritable fête. C'est d'ailleurs une petite femme exquise, mais voilà vingt ans qu'elle adore les assassins, et tressaille d'une volupté profonde en voyant choir une tête coupée. Toujours jeune d'ailleurs et comme gardée fraîche par la vue du sang ! Jusqu'où peut conduire la soif de frissons nouveaux ! Les sorcières aussi passaient au moyen âge pour être très friandes du sang des suppliciés.

Là-bas, à trois rangs de fauteuil derrière nous, ce grand gaillard à fortes moustaches rousses, à torse d'écuyer, a une spécialité : il n'aime que les femmes phtisiques ; toutes ses maîtresses meurent dans l'année. L'amant des condamnées, nous lui devons la meilleure comédie de M. Jules Lemaître ; ce cas d'amour bizarre a son classement à part dans la démonialité.

Enfin, je vois quelque part une très jolie brune, que je ne vous désignerai pas, car elle est mon amie, que la Sainte Inquisition, en 15 et 1600, eût bel et bien rouée vive et brûlée...

En l'an de grâce 1891, elle va et vient, opère en pleine liberté. Cette jolie femme en est à sa quatrième expérience ; trois maris sont déjà décédés à la peine, et trois gaillards : un lieutenant de louveterie et deux capitaines de l'armée très active, dont un de cuirassiers ; en deux ans de ménage, n i, ni, fini : vidés, fripés jusqu'aux moelles, la poitrine rentrée, les jambes flageolantes : des pantins cassés... Elle, toujours grasse, rose et bien portante, hérite de leurs rentes et, je suppose, de leur santé : ils fondent comme cire dans son alcôve... Le quatrième se défend encore, mais il est déjà bien entamé. Avez-vous lu dans les *Contes drolatiques* de Balzac un fabliau appelé le Succube ? Sous les Valois, il n'en fallait pas moins à une femme de bien pour être conduite en chemise place de Grève.

Mais pardon, cher monsieur, la musique commence. Monsieur, bien obligé.

RÉCIT D'UN BUVEUR D'ÉTHER

UN CRIME INCONNU

Pour Antonio de La Gandara.

« Préservez-nous, Seigneur, de la chose
effrayante qui se promène la nuit. »
LE ROI DAVID.

« Ce qui peut se passer dans une chambre d'hôtel meublé une nuit de mardi gras, non, cela dépasse tout ce que l'imagination peut inventer d'horrible ! » Et, s'étant versé de la chartreuse plein son verre, un grand verre à soda, de Romer vidait ce verre d'un trait et commençait :

« C'était il y a deux ans, au plus fort de mes troubles nerveux. J'étais guéri de l'éther, mais non des phénomènes morbides qu'il engendre, troubles de l'ouïe, troubles de la vue, angoisses nocturnes et cauchemars : le solfanol et le bromure avaient déjà eu raison de pas mal de ces troubles, mais les angoisses néanmoins persistaient. Elles persistaient surtout dans l'appartement que j'avais si longtemps habité avec elle, rue Saint-Guillaume, de l'autre côté de l'eau, et où sa présence semblait avoir imprégné les murailles et les tentures de je ne sais quel délétère envoûtement : partout ailleurs mon sommeil était régulier, mes nuits calmes, mais à peine avais-je franchi le seuil de cet appartement que l'indéfinissable malaise des anciens jours corrompait l'atmosphère ambiante autour de moi; d'irraisonnées terreurs me glaçaient et m'étouffaient tour à tour. C'étaient des ombres bizarres se tassant hostilement dans les angles, d'équivoques plis dans les rideaux et les portières tout à coup animées de je ne sais quelle vie effrayante et sans nom. La nuit, cela devenait abominable; une chose horrible et mystérieuse habitait avec moi dans cet appartement, une chose invisible, mais que je devinais accroupie dans l'ombre et me guettant, une chose ennemie dont je sentais parfois le souffle

passer sur mon visage, et presque à mes côtés
l'innomable frôlement. C'était une sensation
affreuse, messieurs, et s'il me fallait revivre
dans ce cauchemar, je crois que j'aimerais
mieux... mais passons...

« Donc j'en étais arrivé à ne plus pouvoir
dormir dans mon appartement, à ne plus pouvoir même l'habiter et, en ayant encore pour
une année de bail, j'avais pris le parti d'aller
loger à l'hôtel. Je ne pouvais toutefois m'y
tenir en place, quittant le Continental pour
l'hôtel du Louvre, et l'hôtel du Louvre pour
d'autres plus infimes, dévoré d'une tracas-
sante manie de locomotion et de changement.

« Comment, après huit jours passés au Ter-
minus, dans tout le confort désirable, avais-je
été amené à descendre dans ce médiocre hôtel
de la rue d'Amsterdam, hôtel de Normandie,
de Brest ou de Rouen, comme ils s'intitulent
tous aux abords de la gare Saint-Lazare !

« Etait-ce le mouvement incessant des
arrivées et des départs qui m'avait séduit,
fixé là plutôt qu'ailleurs ?... Je ne saurais le
dire... Ma chambre, une vaste chambre éclairée

de deux fenêtres et située au second, donnait justement sur la cour d'arrivée de la place du Havre. J'y étais installé depuis trois jours, depuis le samedi gras, et m'y trouvais fort bien.

« C'était, je le répète, un hôtel de troisième ordre, mais de fort honnête apparence, hôtel de voyageurs et de provinciaux, moins dépaysés dans le voisinage de leur gare que dans le centre de la ville, un hôtel bourgeois, d'un soir à l'autre vide et pourtant toujours plein.

« D'ailleurs, peu m'importaient les visages rencontrés par l'escalier et les couloirs, c'était là le moindre de mes soucis; et cependant, en rentrant ce soir-là vers les six heures dans le bureau de l'hôtel pour y prendre ma clef (je dînais en ville et rentrais me changer), je ne pouvais m'empêcher de regarder plus curieusement qu'il n'eût fallu les deux voyageurs qui s'y trouvaient.

« Ils venaient d'arriver ; un nécessaire de voyage en cuir noir était posé à leurs pieds, et, debout devant le bureau du gérant, ils discutaient le prix des chambres.

« — C'est pour une nuit, insistait le plus grand des deux, qui paraissait aussi le plus âgé ; nous repartons demain, la première chambre venue fera l'affaire. » — « A un lit ou à deux lits ? » demandait le gérant. — « Oh ! pour ce que nous dormirons, nous nous coucherons à peine, nous venons pour un bal costumé. » — « Donnez à deux lits », intervenait le plus jeune. — « Bon ! Une chambre à deux lits, vous avez cela, Eugène ? » et le gérant interpellait un des garçons qui venait d'entrer, et après quelques pourparlers : « Mettez ces messieurs au 13, au second ; vous serez très bien là, la chambre est grande ; ces messieurs montent ? » Et sur un signe que non des deux étrangers : — « Ces messieurs dînent ? nous avons la table d'hôte. » — « Non, nous dînons dehors, répondait le plus grand, nous rentrerons vers onze heures nous costumer, qu'on monte la valise. » — « Et du feu dans la chambre ? » demandait le garçon. — « Oui, du feu pour onze heures. » Ils avaient déjà les talons tournés.

« Je m'aperçus alors que j'étais resté là

béant, mon bougeoir allumé à la main, à les examiner ; je rougissais comme un enfant pris en faute et montais vite à ma chambre ; le garçon était en train de faire les lits de la chambre à côté, on avait donné le 13 aux nouveaux arrivés et j'occupais le 12 ; nos chambres étaient donc contiguës, cela ne laissait pas de m'intriguer.

« En redescendant par le bureau, je ne pouvais m'empêcher de demander au gérant quels étaient les voisins qu'il m'avait donnés. « Les deux hommes au nécessaire ? m'était-il répondu, ils ont rempli leurs bulletins, voyez ! » et d'un coup d'œil rapide je lisais : Henri Desnoyels, trente-deux ans, et Edmond Chalegrin, vingt-six ans, résidence Versailles, et tous les deux bouchers.

« Bien élégants d'allures et de vêtements, malgré leurs chapeaux melon et leurs pardessus de voyage, mes deux voisins de chambre, pour des garçons bouchers ; le plus grand m'avait paru soigneusement ganté avec, dans toute sa personne, un certain air de hauteur et d'aristocratie. Il y avait d'ailleurs comme une certaine ressemblance entre eux : mêmes yeux bleus d'un bleu profond et presque noir, long fendus et long ciliés, et mêmes longues moustaches roussâtres soulignant le profil heurté ; mais le plus grand, beaucoup plus pâle que l'autre, avec quelque chose de las et d'ennuyé.

« Au bout d'une heure je n'y songeais déjà plus, c'était soir de mardi gras et les rues braillaient, pleines de masques. Je rentrai vers les minuit, montai dans ma chambre ; déjà à moitié dévêtu j'allais me mettre au lit quand un bruit de voix s'élevait dans la pièce à côté ; c'étaient mes bouchers qui rentraient.

« Pourquoi la curiosité, qui m'avait déjà mordu dans le bureau de l'hôtel, me reprenait-elle, irraisonnée, impérieuse ? Malgré moi je prêtai l'oreille. « Alors tu ne veux pas te costumer, tu ne viens pas au bal, stridait la voix du plus grand ; c'était bien la peine de nous déranger ; qu'est-ce que tu as ? es-tu malade ? » Et l'autre gardant le silence : « Tu es saoul, tu as encore bu ? » reprenait le plus âgé. Alors la voix de l'autre répondait, empâtée et dolente : « C'est ta faute, pourquoi m'as-tu laissé boire ? je suis toujours malade quand je bois de ce vin-là. — Allons, c'est bon, couche-toi, brusquait la voix stridente, attrape ta chemise. » J'entendis crier la serrure du nécessaire qu'on ouvrait. « Alors, toi, tu ne vas pas au bal ? » traînait la voix de l'ivrogne. — « Beau plaisir d'aller courir seul les rues en costume ; moi aussi, je vais me coucher. » Je l'entendais bourrer rageusement de coups de poing son matelas et son oreiller, puis c'étaient des chutes de vêtements à travers la chambre ; les deux hommes se déshabillaient ; j'écoutais haletant, venu pieds nus à côté de la porte de communication ; la voix du plus grand reprenait dans le silence : « Et de si beaux costumes, si c'est pas malheureux ! » Et c'était un bruissement d'étoffes et de satins froissés.

« J'avais approché un œil du trou de la serrure ; ma bougie allumée m'empêchait de faire chambre noire et de rien distinguer dans la pièce voisine, je la soufflai : le lit du plus jeune se trouvait juste en face ma porte. Tombé sur une chaise adossée au lit, il se tenait là sans mouvement, extraordinairement pâle et les yeux vagues, la tête glissée du dossier de la chaise et ballant sur l'oreiller ; son chapeau était à terre, et, le gilet déboutonné, le col de sa chemise entr'ouvert, sans cravate, il avait l'air d'un asphyxié. L'autre, que je n'aperçus qu'après un effort, rôdait en caleçon et en chaussettes autour de la table encombrée d'étoffes claires et de satins pailletés. « Zut ! faut que je l'essaie ! » éclatait-il sans se préoccuper de son compagnon ; et, se campant droit devant l'armoire à glace dans sa sveltesse élégante et musclée, il enfilait un long domino vert à camail de velours noir, dont l'effet était à la fois si horrible et si bizarre que je dus retenir un cri, tant je fus émotionné.

« Je ne reconnaissais plus mon homme, comme grandi dans cette gaine de soie vert pâle, qui l'amincissait encore, et le visage reculé derrière un masque métallique, sous ce capuchon de velours sombre. Ce n'était plus un être humain, qui ondulait, mais la chose horrible et sans nom ; la chose d'épouvante, dont la présence invisible empoisonnait mes nuits de la rue Saint-Guillaume, avait pris forme et vivait dans la réalité.

« L'ivrogne, du coin de son lit, avait suivi la métamorphose d'un regard égaré ; un tremblement l'avait saisi et, les genoux entre-choqués de terreur, les dents serrées, il avait joint les mains d'un geste de prière et frissonnait de la tête aux pieds. La forme verte, spectrale et lente, tournait, elle, en silence, au milieu de la chambre, à la clarté de deux bougies allumées, et, sous son masque, je sentais ses deux yeux effroyablement attentifs ; elle finissait par aller se camper droit devant l'autre, et les bras croisés sur sa poitrine, elle échangeait avec lui sous le masque un indicible et complice regard ; et voilà que l'autre, comme pris de folie, s'écroulait sur sa chaise, se couchait à plat ventre sur le parquet et, cherchant à étreindre la robe entre ses bras, il roulait sa tête dans les plis, balbutiant d'inintelligibles paroles, l'écume aux dents et les yeux révulsés,

» Quel mystère pouvait-il exister entre ces

deux hommes, quel irréparable passé venait d'évoquer aux yeux de ce fou cette robe de spectre et ce masque glacé ? Oh ! cette pâleur et ces mains tendues de supplicié, se traînant en extase dans les plis déroulés d'une robe de larve ; oh ! cette scène du sabbat dans le décor banal d'une chambre meublée ! Et tandis qu'il râlait, lui, avec le trou noir d'un long cri étranglé dans sa bouche grande ouverte, la forme, elle, se dérobait, reculait sur elle-même, entraînant sur ses pas l'hypnose du malheureux vautré à ses pieds.

« Combien d'heures, de minutes durait cette scène ? La Goule maintenant s'est arrêtée, elle a posé sa main sur le front et le cœur de l'homme évanoui à ses pieds, puis, le prenant entre ses bras, elle vient de le rasseoir près du lit sur la chaise. L'homme est là sans mouvement, bouche béante, les yeux clos, la tête renversée : la forme verte est maintenant penchée sur le nécessaire. Qu'y cherche-t-elle avec cette ardeur fébrile, à la clarté d'un des flambeaux de la cheminée ? Elle a trouvé, car je ne la vois plus, mais je l'entends remuer des flacons au-dessus de la cuvette, et une odeur bien connue, une odeur qui me prend au cerveau et me grise et m'énerve, se répand dans la chambre : une odeur d'éther. La forme verte reparait, se dirige à pas lents, toujours muette, vers l'homme évanoui. Que porte-t-elle avec tant de précautions dans ses mains ?... Horreur ! c'est un masque de verre, un masque hermétique sans yeux et sans bouche, et ce masque est rempli jusqu'aux bords d'éther, de liquide-poison : la voici qui se penche sur l'être, là, sans défense, offert, inanimé, lui applique le masque sur la face, l'y noue solidement avec un foulard rouge, et comme un rire lui secoue les épaules sous son capuchon de velours sombre : « Tu ne parleras plus, toi », m'a-t-il semblé l'entendre murmurer.

« Le garçon-boucher maintenant se déshabille, vague en caleçon à travers la chambre, son affreuse robe ôtée ; il reprend ses vêtements de ville, enfile son pardessus, ses gants de peau de chien de clubman et, le chapeau sur la tête, il range en silence, un peu fiévreusement peut-être, les deux costumes de mascarade et ses flacons dans le nécessaire aux fermoirs nickelés, il allume un londrès, prend la valise, son parapluie, ouvre la porte et sort... Et je n'ai pas poussé un cri, je n'ai pas sonné, je n'ai pas appelé.

— Et tu avais rêvé comme toujours... disait de Jacquels à de Romer. — Oui! j'avais si bien rêvé, qu'il y a aujourd'hui à Villejuif, à l'asile des fous, un éthéromane incurable, dont on n'a jamais pu établir l'identité. Consultez plutôt son livre d'entrée : trouvé le mercredi 10 mars, à l'hôtel de... rue d'Amsterdam, nationalité française, âge présumé vingt-six ans, Edmond Chalegrin, nom présumé. »

MANUSCRITS D'UN NEURASTHÉNIQUE

A Henry Bataille.

JOURS DE PLUIE

HEURES DE VILLES D'EAUX

> En province, la pluie
> est une distraction.
> (EDMOND DE GONCOURT.)

I

Ce fut un terrible dimanche. La sortie de la messe avait été lugubre, toute de mackintoches et de capuchons rabattus sous la pluie ; par la rafale et par l'ondée Old England avait triomphé une fois de plus dans le faste attristant des pardessus caoutchoutés et des tartans écossais — oh ! combien — pour jeunes riflemen de Toulouse et misses sentimentales de Figeac : le déjeuner avait été maussade, et, au monotone refrain de l'averse, le bifteck quotidien fut trouvé plus coriace sur son canapé de cèpes du pays, gonflés et mous comme des éponges. La maîtresse de l'hôtel de Londres souffrait encore plus cruellement de sa fluxion hebdomadaire, la famille brésilienne qui occupait le premier ayant parlé de partir; Bigorre marécageux était dans le marasme, un désastre imminent planait sur les ruelles aux murailles suintantes; comme un glas de départ sonnait avec les heures au clocher de Saint-Etienne, perdu dans la buée...

Et nous errions, résignés et transis, pittoresques cependant dans nos plaids à carreaux et nos culottes bouffantes, à travers les rues et les placettes, dédaigneux en vérité des lainages des Pyrénées, poteries du pays et autres alpenstocks des mornes devantures; mais *la marche aide à la digestion, et les eaux de la Grotte n'opèrent leur effet que mitigées d'exercices hygiéniques*, et l'ennui de la petite station thermale était trop impérieux pour ne pas obéir aux suprêmes ordonnances du docteur Carrigou.

Tout à coup, dans une des rues avoisinant le marché, à l'étalage de Mme Peyroulet, la marchande de marée, un attrait et une stupéfaction : Mme Peyroulet reçoit tous les matins son poisson frais de Toulouse et l'annonce sur des pancartes — présomption naïve qui achalande peu sa boutique auprès des baigneurs ; mais sa devanture arbore, hiver comme été, deux si rubescentes langoustes en carton peint à côté d'un si miroitant turbot de ferblanc, qu'il n'en faut pas plus pour séduire la montagne et la vallée et décider l'âme ingénue des Bigourdans. Mme Peyroulet, cette pluvieuse après-midi fériée, étalait à l'angle de sa porte, au-dessus de deux morues sèches et d'un régime de harengs saurs et d'un chapelet de courges et de tomates, une imprévue denrée, et cette denrée nous alla au cœur. Mme Peyroulet offrait aux yeux des passants, plutôt rares, l'occasion plus rare encore d'une cigogne... Oui, une superbe cigogne, toute fraîche tuée, bombait là son estomac en forme de proue, entre l'envergure de deux ailes immenses, un royal éploiement de deux ailes d'ibis, ou presque, tant elles étaient de ligne harmonieuse ; le bec, il est vrai, pendait plutôt lamentable, mais les pattes fines et déliées étaient d'un rose de corail rose charmant. Telle qu'elle, toute tiède encore et le plumage lissé par la pluie, cette cigogne à vendre était épique et grotesque, rappelant à la fois à la veulerie de nos souvenirs et les grues d'Ibycus et le cygne de Parsifal, avec, en plus, quelque chose de japonais. Tant de paravents de laque déroulent par le monde de longs cols de cigognes sur ciel noir incrusté de glycines d'émail et mont Fusyama..., en trois traits d'or changeant.

Eh quoi ! une cigogne chez une marchande de marée ! Et je vois d'ici maint et maint lecteur se rebiffer : « Monsieur le conteur, en vérité, vous abusez ! » A quoi j'objecterai que Mme Peyroulet tenait plutôt les objets d'art, étant donné son étalage de crustacés de cartons peints et de poissons de tôle historiée. Et puis, tout arrive dans ces bourgs innocents des Pyrénées, le commerce y aborde les genres les plus divers et en apparence les plus étrangers l'un à l'autre, et, sans insister sur certaines devantures de Lourdes, ne peut-on pas s'attendre à tout dans une contrée où le touriste peut relever cette annonce en tout point exacte ; je l'ai lue, de mes propres yeux lue : « Monsieur Lô, ferblantier. — Parapluies, graisse et lard. »

Or, M.ᵐᵉ Peyroulet vendait, ce dimanche, des cigognes ; celle-là lui avait été apportée, la veille, par un montagnard de Gripp : on ne tue pas, quand on veut, des izards. Nous, nous nous étions arrêtés charmés : du col d'Aspin ou de Gripp, de passage ou natif du pays, le volatile nous fascinait ; notre œil visionnaire l'évoquait déjà, élégamment animalisé par des mains expertes, déployant l'arc harmonieux de ses grandes ailes, les pattes fuyantes et le cou savamment incliné, au-dessus du velours de Gênes ou de Scutari de quelque chatoyante portière. Avec deux topazes fausses, subtilement insinuées à la place des yeux, et quelques touches de carmin pour réveiller le rose un peu fané des pattes, cette cigogne, trophée ou panoplie, eût décoré d'impériale fantaisie le plus austère intérieur ; ce n'était peut-être pas le joli cadeau à faire à un enfant, mais sûrement le présent indiqué pour artistes de lettres, de ceux dont les hebdomadaires publient avec notices revues et corrigées les somptueux ateliers-halls et studio-appartements. Cet avenir possible nous décida.

Mme Peyroulet nous avait fait son oiseau trois francs. Restait à trouver l'empailleur qui voudrait bien se charger de ressusciter dans une épique pose la cigogne et son vol planant. Mme Peyroulet, consultée, voulut bien nous indiquer une artiste : Mlle Carmen Lopétècui, 3, rue du Collège. C'est elle qui, à Bigorre, fait tous les empaillements.

Lopète et ?... Cui ! Le Basque dans ses noms brave le jugement. Nous nous faisions répéter celui de l'empailleuse, et nous voici, la cigogne à la main, cheminant sous l'averse vers le Lopétècui-logement.

3, rue du Collège, c'est au marteau qu'il faut heurter. Nous frappons. C'est une dame plutôt mûre qui nous ouvre. — Mlle Carmen Lopétècui ? — C'est moi-même ! Entrez donc, messieurs, donnez-vous cette peine... Vous désirez ? Qui vous amène ?

Nous sommes dans une cour vitrée encom-

brée de tables et de bancs... des portes et des
fenêtres s'ouvrent à tous les étages sur cette
espèce de patio ni très clair ni très grand :
un balcon court au premier, enguirlandé de
capucines ; aux tables des gens sont installés,
qui sirotent du café, fument, jouent aux
cartes, jubilent, boissonnent et jargonnent
très bruyants ; des dames échouées sur des
bancs tricotent ; les messieurs, plutôt laids,
sont en bras de chemise, en veston de coutil
et en pantalon blanc ; bruns, ventrus, de
lourdes faces congestionnées, trouées d'yeux
noirs et paraphées d'effroyables moustaches,
ce sont autant de Capitaines Fracasse rassis
et bedonnants : les dames, elles, chaussées
d'espadrilles, des lainages des Pyrénées jetés
en mantille sur des cheveux pommadés qui
luisent, sont jusqu'à l'évidence de Toulouse et
de Figeac : l'atmosphère est plutôt épaisse,
l'ail, l'huile et la rascasse y affirment leurs
relents ; et sur cette société sonore et bour-
donnante le plafond vitré crépite, car l'averse
redouble, et c'est à seaux qu'il pleut maintenant... Intimidés, nous le sommes ; nous pré-

sentons quand même notre requête, mais aux premiers mots Mlle Lopétècui se cabre et rebellionne : « Eh ! mais, mes *cherrrs monsieurs*, cela m'est impossible, ma maison est pleine de monde, je loge, je suis logeuse... et je ne puis en ce moment... dans un mois je pourrais l'empailler, votre cigougne, oui, dans un mois... mais, maintenant non, je regrette, j'ai toutes mes cambrettes louées jusqu'au *trinte* septembre au *moinss*, dame ! »

Dans un mois ! la cigogne sera fraîche. Il me semble déjà la sentir grouiller au bout de mon bras, et mes doigts ne la serrent plus presque ; elle est devenue étrangement pesante, ma cigogne, depuis que je la sais refusée aux suprêmes cuisines de l'embaumeuse ; et, comme j'insiste, d'un geste à la Bonaparte, Mlle Lopétècui me désigne le balcon du premier, et ayant d'instinct levé la tête, ce cauchemar emplumé nous fige d'étonnement.

Au balcon intérieur de Mlle Lopétècui pendent en file, la panse ouverte, bourrée de vétiver, de menthe et d'herbes sèches, et des cigognes et des vautours, et des aiglons, et des bécasses et des martins-pêcheurs, jusqu'à des cormorans : une Saint-Barthélemy terrifiante et grotesque de becs attristés, d'ailes flasques et piteuses, d'oiseaux morts, effondrés, éventrés, les pattes dans le vide, l'air de bêtes au gibet, accrochées par le cou, oiseaux d'apocalypse et de visions d'ascète, un Montfaucon spectral de bestioles ailées, poussiéreuses et squelettes ; et devant ce charnier de momies d'oiseaux, sous ces ailes pendantes de volatiles-fantômes, Toulouse fume et rit, Figeac joue aux cartes, Carcassonne tricote, tout le Midi tonitrue et fait son *bru* gaiement.

Mieux, tout le Midi, mange, boit, couche et vit dans ce cauchemar figé de Tentation de Callot, de planches de Goya qui sanglotent.

Nous, nous fuyons sous la pluie, emportant, les doigts crispés sur son cou flasque, la cigogne qui ballotte et rebondit éperdue contre le caoutchouc de nos makintoches ; un vol d'oiseaux morts, dont les ailes cliquètent, nous enveloppe. Notre cœur flotte comme décroché dans notre poitrine, et nous avons les mains moites.

Ce cauchemar nous poursuivra longtemps.

II

C'est la pluie sur la contrée,
Depuis plus de jours qu'on ne compte.
C'est la saison où les aïeules chantent
Des légendes au coin de la cheminée.

Les sabots claquent dans les flaques,
Au long des routes luisantes
Qui mènent au pilotis du bac.
La rivière y roule écumante.

Quand donc luira le soleil,
Comme un pardon sur nos péchés,
Par les jardins bourdonnant d'abeilles,
Et fleurant l'âme des amandiers ?

(STUART MERRILL.)

C'est aujourd'hui jour de marché : entre deux ondées, la flânerie des baigneurs descend jusqu'au *Forail;* c'est à l'entrée de la ville, là-bas, sur la route de Toulouse.

C'est loin, mais on s'ennuie tant qu'il faut bien chercher à se distraire et, distraction pour distraction, c'en est une d'aller écouter patoiser, dans la rauque et rude langue du pays, tous ces longs gars à type chevalin, aux yeux naïfs, l'air tous de Don Quichotte sous leurs immenses bérets en parasol.

D'ailleurs, il est joli à la manière d'un décor, ce marché aux bestiaux de Bigorre, avec son dallage de vieilles pierres, planté d'arbres, comme un verger. L'autre été, je l'ai vu ensoleillé, frais et trempé de lueurs vertes, avec, dans ses feuillages, le courant d'air de l'Adour et, pour horizon, les trois montagnes d'Asté, comme transparentes dans la chaleur intense, et le fond lumineux et bleuté de Campan.

Et c'était, par les limpides journées d'août, un encombrement de paysans en vestes brodées, gars de Labassère aux épaules de colosses, montagnards de Gerde et de Sainte-Marie, gros fermiers de Pouzac, acheteurs et vendeurs disputant entre eux, attroupés autour des petits taureaux blonds et des pourceaux noirs du pays. De hauts parapluies de serge rouge, usée, déteinte, surgissaient brandis, au-dessus des bérets; des bâtons ferrés se levaient, s'entre-croisaient comme pour une bataille, car c'étaient des marchandages exaspérés, féroces, et des garçons meuniers, tout blancs de farine, l'échine ployée sous leurs sacs, circulaient à pas lourds au milieu de cette foule remuante, harangueuse, bruyante, bien Méridionale, coudoyés de-ci de-là par quelque bouvier espagnol en courte blouse plissée, avec empiècement et galons de velours.

Aujourd'hui, le *Forail* est presque désert, le vendeur est rare, l'acheteur plus rare encore; il a plu toute la nuit, une pluie sanglotante, dont le vent secoue encore les gouttes pleurant aux branches, et l'Adour jaune, torrentueuse, se précipite et fuit plus vite entre deux rives trempées de brume : les montagnes ont leur capuchon de nuages et, dans le marché, comme inanimé, une dizaine de porcs et cinq petits taureaux, voilà tout le bétail à vendre.

Les femmes des environs ne sont pas descendues, ces nerveuses et minces Bigourdanes dont j'aimais tant, l'autre été, l'attitude résignée et le regard limpide; accroupies toutes pêle-mêle avec leurs cochons dans les caisses qui leur servent de cages, toutes l'air, sous le foulard de soie noué au menton, de petites

Bernadettes de Lourdes, de bonnes Vierges de chapelles de pauvres avec leur taille plate, leurs jupes longues et leurs étroites faces blanches, leurs étroites faces de Madone aux beaux yeux celtes, d'une eau verdâtre, pailletés d'or.

Elles ne sont pas plus aujourd'hui sur le *Forail* qu'aux *Coustous*, les pensives et jolies montagnardes de Campan et de Gerde, aux *Coustous*, où l'an dernier elles se promenaient par ribambelles de quatre ou cinq, se tenant toutes par la main, comme une file de petites statuettes du xve siècle, un vrai retable errant de cathédrale; et je reste tout mélancolisé sous les ombrages trempés de ce *Forail, Forail* abandonné, dont un campement de gitanes, deux roulottes de marchands de paniers dételées dans un coin, sont aujourd'hui le seul intérêt, la seule note un peu pittoresque.

Les cheveux crépus et la face olivâtre, ils sont trois hommes et quatre femmes, Andalous et Catalans réunis et vivant là au hasard des routes, gitanes des frontières, de ceux que les incidents de Toulouse ont failli, l'autre été, faire chasser du Midi. Ils sont vanniers, comme tous ceux de leur race et, groupés autour de leurs maisons roulantes, les femmes assises à même les dalles humides, les hommes debout auprès et les surveillant, ils comptent et classent leurs paniers et corbeilles, que des enfants guenilleux et bruns comme des grillons vont, tout à l'heure, aller colporter par la ville.

Mâles et femelles ont d'épais et lippus sourires aux lèvres violacées, et des yeux inquiétants, d'un blanc d'émail, aux paupières gouachées, des grands yeux de mulâtres ; ils ricanent quand je passe, et l'un d'eux, se levant, vient à moi et me fait ses offres ; et comme je me hâte et dis non : « Il est pourtant *gandin*, mon panier, insiste le gitane avec le plus pur accent du faubourg Antoine, étrennez-moi, monsieur, ça vaut une *thune*, et à deux *balles* je vous le laisse ».

Gandin, une thune, deux balles !

Mon Espagnol parle argot de Paris comme vous et moi ; je le regarde. Il est blond, maigriot, avec une tête chafouine de voyou et deux petits yeux quémandeurs et bougeurs.

« Oui, de Montmartre, comme monsieur, » achève le gitane qui a deviné ma pensée, et comme j'objecte : « Moi, pas du tout ; vous faites erreur, mon ami, je suis Normand. — Ça ne fait rien, Monsieur habite Paris, je ois ça dans l'œil. » Je me mets à rire, et l'homme, enhardi, me raconte son histoire..., un boniment de camelot, son histoire.

« Il est de Montmartre ; son vieux, le père Lhuilier, le fripier de la rue des Trois-Frères, est bien connu du quartier ; mais voilà, lui, a fait des bêtises en rentrant du service, une condamnation, puis deux... Bref, il est *tricard* (interdiction de séjour), et il bibelote à la frontière. Il vient de Pau ; il va à la foire de Toulouse. Voilà trois mois qu'il roule avec ces Catalans. » Et comme, devenu familier, à mon tour je lui demande si quelque liaison de cœur ou, du moins, de chair l'attache à ces roulottiers (car il y a là quatre femmes) :

« Moi, des jus de réglisse, j'marche pas », et mon Montmartrois souligne son aveu d'une mimique expressive : « Je suis plus délicat, je ne mange que de la viande blanche ; on est dans la purée, mais on sait se tenir; et puis, d'abord, je ne fais pas le panier... Si j'en ai offert à Monsieur, c'était pour entrer en conversation, faire la connaissance de Monsieur, c'était un chiqué... Moi, j'ai un bon métier, j' vais faire voir ça à Monsieur; demain, je vais faire de l'or avec ça sur la promenade : le patelin est plein d'étrangers. » Et déguerpissant sans plus attendre, le Parigot va chercher derrière une des roulottes une petite voiture à bras, une espèce de boîte roulante, qu'abrite un vieux parapluie de serge verte, il me la pousse dans les jambes et me découvre... un nain, un affreux nain de montagne. « Mon associé ! »

Et il triomphe, le misérable.

Son associé, cette grimaude et piteuse face d'avorton emmanchée sur un tronc d'homme ! Son associé, ces deux moignons terminés par deux mains informes aux doigts palmés comme des pattes de canard ! son associé, ces deux pauvres petites jambes molles, espèces de branches tortes et fléchissantes gainées de bas de laine à côtes, et dont les pieds estropiés laissent pendre deux lamentables entorses hors de leur chariot de douleur !

L'associé, face ahurie de goîtreux aux yeux glauques, à la bouche évasée en ouverture de broc, agite ses deux petits bras comme des ailes, exulte, se dandine, ébauche un niais sourire et bave.

— N'est-ce pas qu'il est *bath* ? me dit fièrement le barnum.

Épouvanté, j'ai mis dans la main du Montmartrois une pièce de deux francs, le prix même du panier offert. Mais de grâce qu'il me délivre de ce cauchemar.

— Merci, monsieur, nous allons biberonner un litre à votre santé, n'est-ce pas, le môme ?

Et il câline et assujettit maternellement dans sa boîte roulante le nain qui bat des ailes, rit jusqu'à ses deux oreilles, et grogne et bave encore !

Là-bas, sur la vallée, l'ondée vient de crever, les montagnes ont disparu, submergées dans la brume, et le *Forail* est tout à fait désert.

>
> C'est la pluie sur la contrée
> Depuis plus de jours qu'on ne compte.
> . . . .
> Quand donc luira le soleil,
> Comme un pardon sur nos péchés,
> Par les jardins bourdonnant d'abeilles,
> Et fleurant l'âme des amandiers?

MANUSCRITS D'UN NEURASTHÉNIQUE

JOURS DE PLUIE

TRIO DE MASQUES

III

HEURES DE VILLES D'EAUX

La terreur, c'est surtout de l'imprévu ; et si la nervosité des peureux s'exaspère dans l'obscurité, c'est que cette nuit aveugle est peuplée pour eux de fantômes, auxquels ils ne peuvent donner de formes. Si, de tous temps, les enfants et les servantes ont craint de se hasarder, le soir, hors des chambres éclairées et closes, c'est que l'ombre impénétrable, l'ombre silencieuse et hostile recèle tout l'infini dans le mystère et toute l'épouvante dans l'inconnu... Oh! les grands arbres bruissants des fonds de parcs d'automne humides et solitaires, les interminables corridors des vieux logis de province à demi abandonnés, les greniers hauts comme des cathédrales, où s'entassent des vieilleries, des paperasses et des malles velues, immobiles depuis des années, et qui ne voyageront jamais plus, les chambres inhabitées des maisons de campagne des grands-parents aujourd'hui morts, la chambre qu'on n'ouvrait jamais parce qu'il s'y était passé quelque chose (une aïeule y avait été séquestrée), mais la vérité est qu'on y tenait la réserve des fruits et des confitures... Oh! tous ces châteaux d'épouvante effrités aujourd'hui dans nos âmes sceptiques, mais qui tenaient jadis une si formidable place dans notre enfance effarée et inquiète, de quelle atmosphère frissonnante et glacée ils s'emplissaient pour nous à la tombée de la nuit, surtout au retour de l'automne, dans ces mois brumeux et pourris d'incessantes ondées, de torrentielles pluies.

Qui n'a pas dans son enfance écouté, durant des heures et des jours, sangloter dans les peupliers d'un jardin de province les tristes et monotones averses, qui n'a pas senti peser sur ses jeunes années l'opprimant ennui des vieilles rues solitaires et le vide affreux des semaines et des mois toujours pareils dans l'humidité fade d'un éternel ciel gris, celui-là ne peut savoir quelles grimaçantes faces peuvent surgir à la brune d'une souche de saule, quelles étranges vieilles femmes apparaissent accroupies sur les marches disjointes d'un perron de villa dans un jardin, le soir, celui-là pourra, seul, sans émotion, traverser plus tard dans la vie l'hallucinante et lumineuse atmosphère des fêtes, celle des bals masqués où le faciès humain se complique d'inconnu sous le satin des loups, comme celle des halles à plaisir où les visages des femmes émaillés et fardés arrivent à ressembler à des masques, car celui-là n'aura pas gardé de l'ombre et de la solitude, durant des années contemplées et fixées, la notion de l'invisible et le sens du mystère flairé et pressenti.

Toutes ces grimaces flottantes dans les ténèbres, ricanements équivoques de pierres qui regardent, d'arbres qui veulent saisir.

agrandissements subits d'objets inanimés, qui s'animent dans l'ombre et que l'ombre déforme et dont l'ombre menace, qui les a vus enfant, les retrouvera sûrement dans les masques; les masques, cette épouvante errante de nos rues et de nos musées, qu'ils soient le grossier cartonnage au rabais des marchands de jouets, ou le chef-d'œuvre de cire éclos sous les doigts modeleurs; car le masque, c'est le rire du mystère, c'est le visage du mensonge fait avec la déformation du vrai, c'est la laideur voulue de la réalité exagérée pour cacher l'inconnu.

Le masque m'a toujours impressionné, halluciné; l'obsession qu'il exerce sur moi tourne même au malaise. Pour moi, il se dégage et surgit des êtres et des objets avec une facilité maladive; et l'espèce d'épouvante délicieuse, dont il m'étreint, me fait un fervent des rues parisiennes au moment du carnaval, un visionnaire énamouré des bals masqués. Mais si terrifiant que soit le masque, il est des visages humains plus effroyables encore, et, quand le hasard le veut, la réunion fortuite de certaines laideurs peut atteindre à un tel degré d'intensité dans le grotesque et l'imprévu, que la raison peut perdre pied, et la réalité de la vie même se continue alors dans du cauchemar.

Dans un de ses contes, celui intitulé, je crois, *le Docteur Cinabre*, Hoffmann, le metteur en scène par excellence du fantastique et de l'imprévu, Hoffmann, le premier, à mon sens, des déformateurs, a montré une famille de petits bourgeois allant consulter aux environs d'Heidelberg un vieux médecin de campagne. Voilà nos braves gens partis, M. le conseiller, Mme la conseillère et l'enfant, l'enfant un peu délicat pour lequel on va consulter. La ville est derrière eux et c'est, à leur droite comme à leur gauche, un décor de verdures et de fermes, le plus calme et le plus riant paysage ; puis un toit de tuiles rouges se découvre sur une hauteur : c'est la maison du médecin. Ils gravissent la pente ; Monsieur rajuste son jabot, Madame sa coiffure, on mouche l'enfant et l'on frappe… Trois coups de heurtoir, un pas lent dans le corridor, et la porte s'ouvre. « Entrez ! entrez ! » C'est une énorme autruche qui fait la révérence, et, balançant son long cou de chair rose et grenue, introduit les visiteurs... Le docteur Cinabre a pour servante une autruche. Inutile d'aller plus loin. Cette apparition a suffi. Ç'a a été le coup de gong de la folie. Les aventures les plus extraordinaires peuvent se ruer maintenant sur M. et Mme la conseillère : l'autruche a ouvert la porte du surnaturel.

Eh bien, à l'autruche près, j'ai vécu, cet été, le conte du *Docteur Cinabre ;* trois minutes dans une soirée, j'ai eu la sensation d'être un personnage d'Hoffmann. La plus imprévue, la plus fantasque des rencontres, la réunion fortuite de trois êtres réels d'un accoutrement si inattendu et d'une bizarrerie de physique tels, que leur apparition est demeurée pour moi le plus invraisemblable des coups de théâtre.

Et ce n'était pas en Espagne pourtant, en Espagne où le fantastique dans la hideur et les loques, est la monnaie courante des rues et des grandes routes, en Espagne où il n'y a pas une gare de chemin fer et un portail de cathédrale qui n'ait vivants, la gare dans sa poussière et la cathédrale dans son ombre, cinq ou six terrifiants Goya ; non, je ne fus dans cette soirée mémorable ni poursuivi par une nuée sautelante de culs-de-jatte en délire, comme le Gringoire de Victor Hugo cerné dans une impasse par les truands de la *Cour des Miracles*, ni dévisagé par un aveugle, ni appréhendé à la gorge par un manchot.

C'était dans la petite ville d'eaux, petite station somnolente du pays de Bigorre, où je passe tous mes étés, été pluvieux cette année, été pourri de brouillard et de boue, où les cimes des Pyrénées jaillirent rarement de leur écran de vapeurs.

C'était un dimanche, et il pleuvait, il pleuvait comme il avait plu la veille, et l'avant-veille encore. Il avait plu toute la semaine, il pleuvrait sans doute toute la semaine prochaine, et pour ragaillardir la petite ville figée d'ennui, la municipalité avait eu cette idée de génie d'offrir au Casino une kermesse costumée aux baigneurs.

Bataille de confetti et dans le jardin boueux,

baraques de macarons, d'éventails et de cigares avec les dames de la troupe costumées comme vendeuses... Oh! la première chanteuse et la grande coquette déambulant dans ce jour maussade, l'une en belle Italienne, l'autre en belle odalisque, lamentables et fardées, au milieu des massifs trempés, les rares baigneurs emmitouflés de caoutchoucs errant à la façon d'âmes en peine de baraque en baraque, mouvante champignonnière de parapluies ruisselants! et la navrante détresse de cette fête mouillée, sa vague atmosphère de maison publique, toute la montagne descendue pour admirer de près ces bras nus épilés et ces seins au blanc gras! Tous les entresorts du quai de l'Adour où végète, trois mois d'été, une vague fête foraine, émigrés ce jour-là dans le Casino; Pierre le Laboureur, le géant de Montastruc, convoqué par les autorités; invités aussi, les nains de Saint-Mamet, la fausse belle Fatma et autres phénomènes!

Et, sous les ondées crevant d'heure en heure, la fête avait piétiné jusqu'au soir dans une boue multicolore et grasse, terre détrempée et confettis ; elle avait fait trêve à l'heure du dîner, mais devait reprendre à neuf heures, réfugiée cette fois, à cause de la pluie, dans la salle des fêtes du morne Casino ; et le soir, à neuf heures, lassitude ou veulerie, peut-être encore plus par besoin de coudoyer de la foule et d'être coudoyés par elle, par crainte de la solitude surtout (oh ! la tristesse de ces chambres d'hôtel, les soirs d'été pluvieux), nous étions retournés à la fête !

Plus lamentable encore à la lueur crue du gaz, ces comptoirs et leurs pauvres étalages installés à la hâte dans ce grand hall vitré crépitant sous l'averse, et les pauvres femmes en oripeaux défraîchis, leurs maillots mouchetés de boue, leurs cheveux défrisés dans cet air humide et les nez bleuis et les joues violacées sous l'enduit des pâtes, leur nudité truquée, transie et grelottante sous des châles de laine et des vestes de drap, la débâcle attristante des paillons et des fards..! fête morne entre toutes, et aggravée encore de quolibets épais, de bravades et de rires ; une foule inepte, bérets des environs, chapeaux melon de Toulouse, ayant envahi ce soir-là le petit Casino à cause des dames costumées et de leurs chairs offertes, seins à proximité, bras qu'on pouvait toucher, chances de contacts et occasions de désirs.

Ecœurés, nous étions montés au premier, le premier absolument désert, la fête battant son plein dans les salons du bas, et nous errions, là, dans les pièces éclairées *a giorno* et totalement vides, étonnés et gênés et de tant de lumière et de tant de solitude.

Au bout d'un large couloir tendu de toiles peintes, une musique nous arrêtait devant une porte close, un air de valse alerte rythmé par des accords brefs : quelqu'un derrière jouait de la guitare, et l'on dansait aussi dans cette pièce, car des pas légers glissaient sur le parquet, et, intrigués, nous ouvrîmes la porte.

Entre les hauts lambris du salon dit des Dames, violemment éclairé, un seul couple valsait ; deux femmes, une énorme dondon que nous voyions de dos, avec entre ses bras, une belle créature somptueusement vêtue d'une robe de brocart, la chair des bras et des seins nus, très blancs, jaillie, comme une fleur, hors d'un étrange corsage..., corsage de princesse de foire ou de reine de féerie, car l'immense traîne de la robe trop rose s'enroulait par deux fois autour de la dondon... La belle fille, un grand éventail de satin bleu déployé sur son visage, valsait éperdument, entraînant la grosse femme à la taille carrée ; et la valseuse rose avait les plus beaux yeux du monde, des cheveux noirs luisants et souples, tordus sur la nuque en gros câble, des pieds menus et des mains fines élégamment gantées, tandis que sa partenaire, gainée dans une espèce de sac de soie grise, exhibait des chevilles de charretier et un cou à gros bourrelets, ignoblement rouge et grenu sous les poils jaunes d'une perruque de clown... Dans un coin, assise à la turque, les jambes croisées parmi les coussins d'un fauteuil, une naine en japonaise égratignait une guitare ; une vieille petite naine à la face ridée, l'air d'une chose flasque et tassée sur elle-même dans sa robe noire toute brodée de cigognes ; et le couple valseur ayant passé près de nous, la belle créature fermait son éventail et dans un clignement d'yeux découvrait son visage... Une barbe de sapeur, une très belle barbe brune encadrait ce visage, ondoyait en deux pointes soyeuses entre les seins : la dame était barbue comme un roi de légende.

La valseuse éperdue était une femme à barbe, sa partenaire un affreux gros homme glabre, maquillé et fardé et déguisé en femme... quelque cabot de la troupe travesti de la sorte en vue de la kermesse, la valseuse barbue un des phénomènes de la fête foraine des berges de l'Adour!... S'ennuyant sans doute dans les salons du bas, ils étaient montés dans ce premier étage éclairé et désert, et ils valsaient frénétiquement, pour leur plaisir, couple imprévu et obscène, aux aigres sons de cette guitare maniée par cette naine.., quelque autre monstre échappé des entresorts de l'Adour!

Tout cela nous apparut expliqué, évident, dans l'éclair de la porte ouverte et aussitôt refermée ; mais nous avions eu un moment de stupeur, la sensation d'une chute dans un gouffre, dans de l'absurde, de l'impossible; et le hasard seul pourtant et le plus banal des hasards avait réuni ces trois êtres en ce salon désert de Casino thermal.

Mais je m'en souviendrai longtemps... Oh! cette femme à barbe, en robe de bal, décolletée et souriante, valsant avec un homme en femme, aux sons de la guitare d'une naine japonaise, dans un salon incendié de lumière et vide !

RÉCIT DU BUVEUR D'ÉTHER

LES TROUS DU MASQUE

A Marcel Schwob.

> Le charme de l'horreur
> ne tente que les forts.
> BAUDELAIRE.

I

« Vous voulez en voir, m'avait dit mon ami de Jakels, soit, procurez-vous un domino et un loup, un domino assez élégant de satin noir, chaussez des escarpins et, pour cette fois, des bas de soie noire aussi, et attendez-moi chez vous mardi vers dix heures et demie ; j'irai vous prendre. »

Le mardi suivant, enveloppé dans les plis bruissants d'un long camail, un masque de velours à barbe de satin assujetti derrière les oreilles, j'attendais mon ami de Jakels dans ma garçonnière de la rue Taitbout, tout en chauffant aux braises du foyer mes pieds à la fois irrités et grelottants sous le contact inaccoutumé de la soie ; dehors les cornets à bouquin et les cris exaspérés d'un soir de carnaval m'arrivaient confus du Boulevard.

Assez étrange et même inquiétante à la longue, en y réfléchissant, cette veillée solitaire d'une forme masquée affalée dans un fauteuil, dans le clair-obscur de ce rez-de-chaussée encombré de bibelots, assourdi de tentures avec, dans les miroirs pendus aux murailles, la flamme haute d'une lampe à pétrole et le vacillement de deux longues bougies très blanches, sveltes, comme funéraires, et de Jakels n'arrivait pas ! Les cris des masques éclatant au loin aggravaient encore l'hostilité du silence ; les deux bougies brûlaient si droites qu'un énervement finissait par me prendre et, soudain effaré devant ces trois lumières, je me levai pour aller en souffler une.

En ce moment une des portières s'écartait et de Jakels entra.

De Jakels ? je n'avais entendu ni sonner ni ouvrir. Comment s'était-il introduit dans mon

appartement ? J'y ai songé souvent depuis ;
enfin de Jakels était là devant moi, de Jakels ?
c'est-à-dire un long domino, une grande forme
sombre voilée et masquée comme moi : « Vous
êtes prêt, interrogeait sa voix que je ne reconnus
pas tant elle était altérée, ma voiture est
là, nous allons partir ».

Sa voiture, je ne l'avais entendue ni rouler
ni s'arrêter devant mes fenêtres. Dans quel
cauchemar, dans quelle ombre et dans quel
mystère avais-je commencé de descendre ?
« C'est votre capuchon qui vous bouche les
oreilles ; vous n'avez pas l'habitude du masque »,
pensait à haute voix de Jakels, qui
avait pénétré mon silence : il avait donc ce
soir toutes les divinations et, retroussant mon
domino, il s'assurait de la finesse de mes
bas de soie et de mes minces chaussures.

Ce geste me rassurait, c'était bien de Jakels
et non un autre qui me parlait sous ce domino.
Un autre n'aurait pas eu souci de la recommandation,
faite à moi par de Jakels il y avait
une semaine. « Hé bien, nous partons », commandait
la voix, et dans un bruissement de

soie et de satin qu'on froisse, nous nous engouffrions dans l'allée de la porte cochère, assez pareils, il me sembla, à deux énormes chauves-souris dans l'envolement de nos camails soudainement relevés au-dessus de nos dominos.

D'où venait ce grand vent ? ce souffle d'inconnu ? La température de cette nuit de mardi gras était à la fois si humide et si molle.

II

Où roulions-nous maintenant, tassés dans l'ombre de ce fiacre extraordinairement silencieux, dont les roues, pas plus que les sabots du cheval, n'éveillaient de bruit sur le pavé de bois des rues et le macadan des avenues désertes ?

Où allions-nous le long de ces quais et de ces berges inconnues, à peine éclairés çà et là par la lanterne falote d'un antique réverbère ? Depuis longtemps déjà nous avions perdu de vue la fantastique silhouette de Notre-Dame se profilant de l'autre côté du fleuve sur un ciel de plomb. Quai Saint-Michel, quai de la Tournelle, quai de Bercy même, nous étions loin de l'Opéra, des rues Drouot, Le Peletier, et du centre. Nous n'allions même pas à Bullier, où les vices honteux tiennent leurs assises et, s'évadant sous le masque, tourbillonnent presque démoniaques et cyniquement avoués, les nuits de mardi gras, et mon compagnon se taisait.

Au bord de cette Seine taciturne et pâle, sous l'enjambement de ponts de plus en plus rares, le long de ces quais plantés de grands arbres maigres aux branchages écartés sur des ciels livides comme des doigts de mort, une peur irraisonnée me prenait, une peur aggravée par le silence inexplicable de de Jakels; j'en arrivai à douter de sa présence et à me croire auprès d'un inconnu. La main de mon compagnon avait saisi la mienne et, quoique molle et sans force, la tenait dans un étau qui me broyait les doigts... Cette main de puissance et de volonté me clouait les paroles dans la gorge, et je sentais sous son étreinte toute velléité de révolte fondre et se dissoudre en moi;

nous roulions maintenant hors des fortifications et, par des grandes routes bordées de baies et de mornes devantures de marchands de vins, guinguettes de barrières depuis longtemps closes, nous filions sous la lune, qui venait enfin d'écorner un amas flottant de nuages, et semblait répandre sur cet équivoque paysage de banlieue une nappe grésillante de sel ; à ce moment il me sembla que les sabots des chevaux sonnaient sur le terre-plein des routes, et que les roues du fiacre, cessant d'être fantômes, criaient dans les pierrailles et les cailloux du chemin.

« C'est là, murmurait la voix de mon compagnon, nous sommes arrivés, nous pouvons descendre », et comme je balbutiais un timide : « Où sommes-nous ? — Barrière d'Italie, hors des fortifications. Nous avons pris la route la plus longue, mais la plus sûre, nous reviendrons par une autre, demain matin. » Les chevaux s'arrêtaient, et de Jakels me lâchait pour ouvrir la portière et me tendre la main.

III

Une grande salle très haute, aux murs crépis à la chaux, des volets intérieurs hermétiquement clos aux fenêtres et, dans toute la longueur de la salle, des tables avec des gobelets de fer-blanc retenus par des chaînes. Dans le fond, surélevé de trois marches, le comptoir en zinc, encombré de liqueurs et de bouteilles à étiquettes coloriées des légendaires marchands de vin ; là dedans le gaz sifflant haut et clair : la salle, en somme, sinon plus spacieuse et plus nette, d'un troquet de barrière achalandé, dont le commerce irait bien.

« Surtout, pas un mot à qui que ce soit. Ne parlez à personne, et répondez encore moins. Ils verraient que vous n'êtes pas des leurs, et nous pourrions passer un mauvais quart d'heure. Moi, l'on me connaît », et de Jakels me poussait dans la salle.

Quelques masques y buvaient, disséminés. A notre entrée, le maître de l'établissement se levait et, pesamment, en traînant les pieds, venait au-devant de nous comme pour nous barrer le passage ; sans un mot, de Jackels soulevait le bas de nos deux dominos et lui montrait nos pieds chaussés de fins escarpins : c'était le *Sésame, ouvre-toi !* sans doute de cet étrange établissement. Le patron retournait lourdement à son comptoir et je m'aperçus, chose bizarre, que lui aussi était masqué, mais d'un grossier cartonnage burlesquement enluminé, imitant un visage humain.

Les deux garçons de service, deux colosses aux manches de chemise retroussées sur des biceps velus de lutteurs, circulaient en silence. invisibles, eux aussi, sous le même affreux masque.

Les rares déguisés qui buvaient assis autour des tables, étaient masqués de velours et de satin. Sauf un énorme cuirassier en uniforme, sorte de brute à la mâchoire lourde et à la moustache fauve, attablé auprès de deux élégants dominos de soie mauve et qui buvait, à face découverte, les yeux bleus déjà vagues, aucun des êtres rencontrés là n'avait visage humain. Dans un coin deux grands blousards à casquettes de velours, masqués de satin noir, intriguaient par leur élégance suspecte; car leur blouse était de soie bleu pâle, et du bas de leurs pantalons trop neufs s'effilaient d'étroits orteils de femme gantés de soie et chaussés d'escarpins; et, comme hypnotisé, je contemplerais encore ce spectacle si de Jakels ne m'avait entraîné dans le fond de la salle vers une porte vitrée fermée d'un rideau rouge. *Entrée du bal*, était-il inscrit au-dessus de cette porte en lettres historiées d'apprenti rapin; un garde municipal montait la garde auprès. C'était au moins une garantie; mais en passant, ayant heurté sa main, je m'aperçus qu'elle était de cire, de cire comme sa figure rose hérissée de moustaches postiches, et j'eus l'horrible conviction que le seul être dont la présence m'eût rassuré dans ce lieu de mystère, était un simple mannequin !...

IV

Depuis combien d'heures est-ce que j'errais seul au milieu de ces masques silencieux, dans ce hangar voûté comme une église; et c'était une église, en effet, une église abandonnée et désaffectée, que cette vaste salle aux fenêtres en ogive, la plupart à moitié murées, entre leurs colonnettes à rinceaux badigeonnées d'un épais enduit jaunâtre, où s'enlizaient les fleurs sculptées des chapiteaux.

Étrange bal, où l'on ne dansait pas, et où il n'y avait pas d'orchestre! De Jakels avait disparu, j'étais seul abandonné au milieu de cette foule inconnue. Un ancien lustre en fer forgé flambait haut et clair, suspendu à la voûte, éclairant des dalles poudreuses, dont certaines, noircies d'inscriptions, recouvraient peut-être des tombeaux; dans le fond, à la place où certainement devait régner l'autel, des mangeoires et des râteliers couraient à demi-hauteur du mur, et c'étaient dans les coins des tas de harnais et de licols oubliés : la salle de bal était une écurie. Çà et là des grandes glaces de coiffeur encadrées de papier doré se renvoyaient de l'une à l'autre la silencieuse promenade des masques, c'est-à-dire qu'elles ne se la renvoyaient plus, car ils s'étaient tous maintenant assis, rangés immobiles des deux côtés de l'ancienne église, ensevelis jusqu'aux épaules dans les anciennes stalles du chœur.

Ils se tenaient là, muets, sans un geste, comme reculés dans le mystère sous de longues cagoules de drap d'argent, d'un argent mat au reflet mort; car il n'y avait plus ni dominos, ni blouses de soie bleue, ni Colombines, ni Pierrots, ni déguisements grotesques; mais tous ces masques étaient semblables, gainés dans la même robe verte, d'un vert blême comme soufré d'or, à grandes manches noires, et tous encapuchonnés de vert sombre avec, dans le vide du capuchon, les deux trous d'yeux de leur cagoule d'argent.

On eût dit des faces crayeuses de lépreux des anciens lazarets; et leurs mains gantées de noir érigeaient une longue tige de lis noirs à feuillages pâles, et leurs capuchons, comme celui du Dante, étaient couronnés de lis noirs.

Et toutes ces cagoules se taisaient dans une immobilité de spectres et, au-dessus de leurs couronnes funèbres, l'ogive des fenêtres se découpant en clair sur le ciel blanc de lune, les coiffait d'une mître transparente.

Je sentais ma raison sombrer dans l'épouvante ; le surnaturel m'enveloppait ! cette rigidité, le silence de tous ces êtres masqués ! Quels étaient-ils ? Une minute d'incertitude de plus, c'était la folie ! Je n'y tenais plus et, d'une main crispée d'angoisse, m'étant avancé vers un des masques, je soulevai brusquement sa cagoule.

Horreur ! il n'y avait rien, rien. Mes yeux hagards ne rencontraient que le creux du capuchon ; la robe, le camail, étaient vides. Cet être qui vivait n'était qu'ombre et néant.

Fou de terreur, j'arrachai la cagoule du masque assis dans la stalle voisine : le capuchon de velours vert était vide, vide le capuchon des autres masques assis le long des murs. Tous avaient des faces d'ombre, tous étaient du néant.

Et le gaz flambait plus fort, presque sifflant dans la haute salle ; par les vitres cassées des ogives, le clair de lune éblouissait, presque aveuglant; alors une horreur me prenait au milieu de tous ces êtres creux, aux vaines apparences de spectres, un doute affreux m'étreignit au cœur devant tous ces masques vides.

Si moi aussi j'étais semblable à eux, si moi aussi j'avais cessé d'exister, et si sous mon masque il n'y avait rien, rien que du néant! Je me précipitai vers une des glaces. Un être de songe s'y dressait devant moi, encapuchonné de vert sombre, couronné de lis noirs, masqué d'argent.

Et ce masque était moi, car je reconnus mon geste dans la main qui soulevait la cagoule et, béant d'effroi, je poussai un grand cri, car il n'y avait rien sous le masque de toile argentée, rien dans l'ovale du capuchon, que le creux de l'étoffe arrondi sur le vide : j'étais mort et je...

— « Et tu as encore bu de l'éther, grondait dans mon oreille la voix de de Jakels. Singulière idée pour tromper ton ennui, en m'attendant. » J'étais étendu au milieu de ma chambre, le corps glissé sur le tapis, la tête posée sur mon fauteuil, et de Jakels, en tenue de soirée sous une robe de moine, donnait des ordres fébriles à mon valet de chambre ahuri, tandis que les deux bougies allumées, arrivées à leur fin, faisaient éclater leurs bobèches et m'éveillaient... Il était temps.

RÉCIT DU PEINTRE

L'HOMME AU BRACELET

Pour Catulle Mendès.

Octobre, le caractère équivoque et sinistre de certaines rues de faubourgs par ces pluvieuses et livides journées de l'arrière-saison, à la tombée du crépuscule surtout, quand, après l'écœurement de la tâche quotidienne enfin remplie, les instincts de fauve que nous avons en nous se dégagent, enhardis dans la luxure ambiante des bouges qui s'allument, et la provocation de tant de jupes de femmes errantes dans la nuit.

Voici le soir charmant, ami du criminel.

C'est l'heure, où dans les assommoirs incendiés de lueurs crues, entre les hauts récipients de cuivre astiqués et flambants comme ceux d'un laboratoire, une foule guenilleuse aux yeux caves, vieux ouvriers et jeunes voyous, fraternise et goguenarde : dehors, la silhouette inquiète des filles épie, les soirs de paie surtout, où tout homme un peu éméché est *bon*. Elles sont là, arpentant le trottoir, les yeux charbonnés dans des faces de plâtre, l'air de masques au halo falot des réverbères ; et, de l'autre côté de la rue, ces tas de grosses hardes et ces attitudes résignées, ce sont les femmes légitimes, les mères de ces ouvriers guettés par la débauche, et qui, tristement, peureusement, viennent les attendre au seuil du marchand de vin... et là, dans l'humide et le noir du carrefour, font bonne garde, en quête de l'argent de la semaine, déformées, laides et vieillies, pitoyables spectres de la vertu venus disputer le pain des gosses à l'alcool et à la fille.

Plus loin, à mesure que la rue populeuse descend moins éclairée vers les fortifs, les devantures des marchands de vin, barrées à mi-hauteur de rideaux, s'enveloppent de mystère ; les voix des clients y parlent assourdies, le guet des filles s'espace aussi, plus rare sur les trottoirs déserts : les pas retardataires y sonnent plus rapides et, le long des hautes palissades bordant, de places en places, des maisons de rapport nouvellement construites, ce sont des groupes de trois à quatre au plus, tenant, dans la nuit, d'équivoques conciliabules. Des mots d'argot s'échangent à voix basse où il est question de *pognon* et de la *rousse*, argot cliquetant et sinistre comme une lame d'acier crissant dans la nuit ; puis le groupe se disperse, tandis qu'aux fenêtres des bâtiments neufs, et des vieilles masures, des clartés vagues émergent de l'ombre et que des visages maquillés et fardés, des femmes en camisole surgissent, accoudant aux croisées des pâleurs de chairs nues.

C'est la prostitution des fenêtres, la plus savante dans ses honteuses pratiques, la plus troublante aussi pour les sens d'un vicieux ; car la femme entrevue y apparaît lointaine, idéalisée dans sa fange ou par le mystère et la rudesse du décor, l'inattendu des plaisirs promis, le danger de la maison inconnue, le frisson du guet-apens probablement tendu dans le noir de cet escalier, l'angoisse du chantage, qui sait ? accroupi dans les rideaux de l'alcôve !... et ce visage prometteur, ce visage fardé apparu si haut dans les ténèbres, dans cette façade aveugle, chair de vieille femme récrépie par les pâles ou minois de petite vierge impubère offerte en appeau par la Misère au Vice ? Il y a là un aléa, un doute, un ragoût d'aventure irrésistible pour une âme de blasé et de joueur... C'est le vertige de la course à l'abîme, l'attirance inéluctable du gouffre, le vieux symbole rajeuni, modernisé et plus terrible encore dans le cadre moderne, de la redoutable et souriante tête de Scylla, la tête surnaturelle surnageante et chantante au-dessus des flots bleus des golfes de Sicile, avec le charme puéril de ses lèvres trop rouges et de ses grands yeux glauques, tête sans corps et d'autant plus enivrante ; car la luxure des hommes lui prêtait, à ce visage, et le torse et les bras et les hanches et les jambes créés par leur délire, tête périlleuse et d'autant plus désirable qu'elle est comme le sourire, sourire d'accueil ou de menace de cette façade de bâtisse moderne, morne et murée, tel un masque.

Oh! la femme à la fenêtre des maisons de faubourgs, pomme d'or des voluptés damnables, posée là sur l'appui des croisées, comme la tête de Scylla, tournoyante sur les flots, s'y profilait, jadis, périlleuse fleur du gouffre.

Dehors, ce sont les flaques d'eau et de boue miroitant à la clarté du gaz, la pluie qui sanglote et dégoutte des toits, le pas velouté des escarpes embusqués dans la nuit; et là-haut, très haut, à l'étage supérieur de la façade muette, telle une orange de chair sous les feux de la lampe, savoureuse et dorée, la face maquillée luit.

Cette fascination de la fenêtre, cette puissance du nu et du peignoir entrevus, lumineux dans le noir de la rue et le froid de la nuit, leur emprise sur les sens de l'homme moderne, de l'homme des villes surtout à l'imagination surmenée et malade, un conte merveilleux de Banville les a magistralement rendus : *Tu reviendras*, est intitulé ce conte.

Dans une de ces cités chères à la muse de Baudelaire :

> Je vois un port rempli de voiles et de mâts,
> Encor tout fatigué par la vague marine,

Barcelone, Bilbao, Anvers, Saïgon ou Marseille, un voyageur au cours d'une promenade flâneuse à travers les bas quartiers de la ville, s'est laissé tenter par une jolie tête enfantine penchée à la lucarne d'une maison sordide. Le voyageur est à peine entré, que le conte gouaché de tons violents met en scène des personnages romantiques : c'est une négresse coiffée d'un madras jaune d'or, qui accueille le galant et le guide ; l'escalier gluant tourne en vis : au premier palier un perroquet blanc, un ara monstrueux à huppe rose veille, juché sur un perchoir, mais au cinquième, les marches de l'escalier flamboient sous un revêtement de tapis splendides, et la soupente, où il est introduit, est un retrait de princesse orientale, tout de soie, de laque et de fourrures argentées et soyeuses; et là une Grecque de Sicile, profil de médaille et nudité bronzée de statuette, une femme-enfant de quatorze ans à peine lui fait, frissonnante et pâmée, l'offrande d'un corps souple et vierge... Les coussins, où ils s'étreignent, sont de velours blanc et jaune; ils boivent du vin de Samos dans des coupes de jade, et, à l'ivresse de leurs baisers s'ajoute celle de parfums brûlant dans des trépieds de vieil argent... Étoffes et aromates, c'est, dans un style étincelant d'orfèvrerie, une vision de paradis artificiel, rêve de fumeur d'opium ou d'habitué de l'hôtel Pimodan, toute l'esthétique baudelairienne y revit; mais ce n'est qu'un songe, puisque c'est dans la rue, à la porte d'un bar encombré de matelots, que le voyageur émerveillé se reprend et s'éveille. Il cherche à retrouver la maison enchantée; il erre, il rôde et des jours et des nuits! peine perdue; puis il part, il quitte la ville des vergues et des mâtures, il reprend ses voyages; dix années s'écoulent quand tout à coup, dans je ne sais quel port, il se retrouve au seuil de la demeure convoitée. La négresse au madras est debout dans l'allée, le perroquet géant jabote sur son perchoir, l'escalier est toujours aussi glissant dans son boyau de murailles humides, les tapis d'Asie flamboient toujours sur les dernières marches, et l'entremetteuse à la face d'ébène ouvre la porte du réduit... mais, hélas ! la Grecque d'autrefois a vieilli... Déformée, avachie, devenue énorme, ses seins sont mûrs, son ventre flotte, et à travers le rance des pâtes et des fards, ce sont des baisers édentés et baveux que lui donne le spectre de son amour. La soupente est tendue d'oripeaux, les coussins de velours tombent en loques, les cassolettes sont éteintes, et c'est, l'âme en détresse et la nausée aux lèvres, que le voyageur dégringole en trébuchant l'escalier de la maison infâme. Ecœuré jusqu'à en mourir, il pleure, hélas ! son rêve, et se fait le serment de ne jamais revenir; mais, comme il va franchir la porte : « Tu reviendras, » lui crie une voix rocailleuse et stridente. *Tu reviendras*, et l'homme atterré baisse la tête, car il sait en lui-même qu'il reviendra visiter la triste soupente et son ignoble gouge, et malgré ses chairs flasques, et ses lèvres rancies et sa gorge sans forme, toute huileuse de fards.

Le perroquet géant connaît le cœur des hommes depuis bientôt cent ans qu'il les voit défiler dans l'escalier du bouge; et c'est l'oracle même de leurs destinées qu'il crie aux libertins, au seuil du lupanar : *Tu reviendras*, et en effet ils y reviennent tous ; car on revient toujours à son vice, comme le chien des écritures à son vomissement. Pour une fois qu'on y a rencontré la Grecque de quatorze ans, aux chairs froides et souples, on revient toujours à la maison infâme, tout convaincu qu'on soit de n'y rencontrer que la fillasse vieillie aux seins mûrs ; mais l'illusion, l'espérance menteuse d'y entrevoir peut-être, une autre fois, la Grecque de la première rencontre, nous y ramène inexorablement, toujours leurrés et toujours prêts à l'être, car c'est la **luxure** qui nous conduit.

**Ah ! malheur à celui qui laisse la débauche
Se planter comme un clou sous sa mamelle gauche !**

a pleuré Alfred de Musset dans deux de ses plus beaux vers, et comme il connaissait bien le Vice, et les vicieux et leur âme complexe, crédule et frissonnante, ce *terrible homme au bracelet*, dont la silhouette criminelle et fantastique manque véritablement aux Mémoires de Canler.

Dans une des rues les plus passantes de Paris, non loin du bal Wagram, rendez-vous de larbins sans place, d'escarpes et de souteneurs, la police, il y a quelque vingt ans, avait fini par remarquer le manège à la fois simple et compliqué d'une fenestrière ; la fille n'apparaissait jamais tout entière à la fenêtre, mais, à partir de quatre heures du soir en hiver, et de sept heures en été, un bras nu, un bras très blanc et d'un galbe très pur sortait de derrière un rideau de soie rouge, se déployait comme un cou de cygne et puis demeurait là des heures, replié, de façon à montrer la tache duvetée de l'aisselle, ou bien se laissait pendre au dehors, dans la rue, langoureux et fluide, écharpe dénouée lancée vers le désir. Le bras et jamais plus. La fille, elle, se dérobait. On n'avait jamais vu son visage ; un bracelet d'or cerclait au poignet ce bras mystérieux, et les passants s'arrêtaient, regardaient ce bras immobile, ce bras au geste lent, les rares fois où il s'animait, bras épilé, poudrerizé et d'un blanc si froid au regard qu'on l'aurait dit de marbre ; et des hommes montaient, surtout des vieux, et des gens cossus, clients sérieux, de vice exigeant et de sens rassis, qui redescendaient presque aussitôt, les yeux hagards et la marche fébrile, et cela durant près de dix mois, quand de vagues rumeurs éclataient dans le quartier. On parlait de guet-apens tendu à la salacité de vieux libertins, on citait des noms de gens honorables, de notables commerçants et de rentiers posés attirés dans une chambre, intimidés et dévalisés, mais, comme aucune plainte n'avait été déposée, c'est la police des mœurs qui fit d'elle-même une enquête. Or, quand on vint pour le recensement des filles dans la maison de la fenestrière au bras nu, on découvrit que le logement de la fenêtre suspectée était occupé par un peintre, un jeune prix de Rome retour depuis un an d'Italie et vivant dans un assez grand confort, sans ressources avouées. Le soir même de cette découverte, à l'heure où le bras nu se déployait derrière le rideau rouge, un agent déguisé, maquillé en vieux monsieur, sonnait discrètement à la porte de l'atelier. Après un pourparler à travers la serrure et quelques mots lascifs prononcés par une voix féminine, la porte s'entre-bâillait pour se refermer aussitôt sur le policier interdit : un tour de clé, et l'agent se trouvait en face d'un gaillard en bras de chemise, une manche relevée jusqu'à l'épaule, et qui, le serrant à la gorge d'une main, le menaçant, de l'autre, d'un long couteau de boucher : « Allons ! vieux salaud, pas de pétard... Ta montre, tes bijoux, et ce que tu as sur toi, ou je te fais arrêter, charogne ! Tu en as de l'estomac de monter chez un homme ! Allons ! ton argent, tes bagues, ou je te fais emballer ! »

C'est l'homme au bracelet qui fut cueilli, ce soir-là, par la police. Or, il opérait, depuis dix mois, en toute sécurité : sur deux cents victimes peut-être, aucune n'avait osé porter plainte : la crainte du ridicule, la peur de la police, la honte des conséquences d'une aventure suspecte, les avaient tous empêchés de parler :

Ah! malheur à celui qui laisse la débauche
Se planter comme un clou sous sa mamelle gauche!...

RÉCIT DU MUSICIEN

JANINE

La terreur, c'est surtout de l'imprévu, avez-vous dit dans un de vos contes, et si les masques contiennent autant d'épouvante, c'est qu'ils sont le visage même du mystère, et que l'imagination peut tout supposer derrière leur sourire de cire et de carton... Il y a cependant pis que le faux visage colorié des costumiers et des coiffeurs, il y a le visage humain lui-même, le vôtre et le mien, celui de votre ami ou de votre maîtresse, figés d'hypocrisie, masqués de dissimulation, visages dont l'expression travaillée et voulue peut tout à coup tomber, comme le loup de satin du domino des nuits de carnaval; et le rire amoureux découvre alors un rictus de haine, le regard assassine sous les paupières tout à l'heure encore lourdes de volupté, et le baiser montre les dents... Cette subite déchirure du voile..., cette brusque irruption de l'âme, enfin affranchie, aux fenêtres du sourire et du regard, où elle insulte et ricane, cette sauvage et rageuse échappée de la haine et de la colère hors de toute contrainte, cela c'est vraiment la tombée du masque... et la détresse et l'effroi et le dégoût du misérable amant ou ami témoin de cet ignoble déchaînement d'instincts, il faut les avoir vécus et soufferts soi-même pour pouvoir les comprendre. C'est à la fois le visqueux d'un reptile et le gluant de la boue, et le froid de la boue, de la boue de neige, pénétrante et glacée, dans tout l'être en angoisse et dans les veines et dans le cœur. C'est de la colère aussi : la déception est si grande et c'est aussi une amertume, un navrement immense, un désespoir de tout avec l'atroce sensation d'un coup de couteau au cœur.

Or, cette détresse atroce de l'homme déçu, berné et sombré dans l'épouvante, cette terreur devant le surgissement de l'inconnu, je l'ai soufferte tout un soir, et cela dans une circonstance et dans un décor bien faits pour vous plaire, un vrai drame que j'ai vécu là, durant quelques minutes, et qui sont demeurées les plus intenses où je me sois senti vivre; drame banal aux personnages peu intéressants, mais dont quelques détails ont du relief; et puis cela fera une histoire de plus à ajouter à votre série de masques, car c'est une véritable histoire de masques que cette aventure d'hôtel garni, où il y eut, au moment critique, une si terrible, une si inattendue substitution de personne.

Or, cette histoire, la voici. Il y a bien quinze ans de cela, je n'étais pas encore le musicien dont les suites d'orchestre figurent aux programmes Lamoureux et Colonne, l'auteur applaudi et, je puis le dire sans vanité, appuyé, recommandé par tout un public auprès des directeurs des grandes scènes subventionnées... Mon premier ballet, *Nivèa*, n'a été joué qu'en 1887 à l'Opéra. Je vivotais, et plutôt mal que bien, des leçons que je donnais le long de la journée, et, le soir, d'une partie de violon que je remplissais dans un vague théâtre des quartiers excentriques, je ne saurais préciser, tant cela est si loin. Je vivotais, et je faisais vivre ma sœur, qui tenait mon ménage et habitait avec moi. Pauvre femme ! elle est partie trop tôt, et n'a pas vu mon succès. Elle était veuve, et la maigre dot qu'elle avait sauvée, jointe à mes appointements de violoniste et aux bénéfices de mes leçons, nous constituait de pauvres rentes qui suffisaient à nos besoins.

Mais que de digressions ! Cet été-là, j'avais obtenu un engagement pour la saison d'Aix, une véritable aubaine que ces trois mois de vacances dans la Savoie... Vacances, c'est peut-être un peu dire, puisque je violonais trois fois par jour, le matin, au kiosque de la buvette, la journée, au Parc, pour recommencer le soir au Casino ; mais là, du moins, pas de fastidieuses leçons à donner, de l'air pur, de hauts ombrages, et puis ce beau décor du lac et des montagnes. Ah ! on était un peu mieux que dans notre petit logement de la rue

Guénégaud. Mais tout cela, il avait fallu le quitter (les saisons d'eaux durent trois mois au plus), et, en octobre, j'avais dû réintégrer Paris, recourir le cachet sous les pluies continues d'automne, reprendre les interminables courses à travers la ville embrumée et triste, fiévreuse, affairée et si indifférente. Oh! les heures d'attente aux stations d'omnibus dans l'air raréfié des bureaux ou dehors dans le froid et la boue, les perpétuels arrêts des tramways, où l'impatience d'être arrivé exaspère notre neurasthénie et, le soir, les mêmes flonflons raclés à heure fixe, les mêmes sempiternelles sottises ressassées sur la scène par des faces de pîtres, dans la boîte surchauffée du petit théâtre; et la bise glaciale et la boue et le noir retrouvés tous les minuit à la sortie! Ah! je puis me vanter de l'avoir connu, le fumier de l'existence!

C'est dans cet écœurement et dans cet ennui que je la retrouvai, petite figure résignée de Montmartroise émaciée et triste, petite fleur de faubourg tombée dans le ruisseau, mais pas encore flétrie, endolorie tout au plus et comme affinée par le vice. Je l'avais connue, il y a cinq mois, quinze jours avant mon départ pour Aix, un moment attiré par l'ovale un peu souffrant de son visage de petite fille, un visage fin, comme modelé sous un pouce artiste, où les ailes du nez avaient d'étranges vibrations ; j'avais aimé éperdument tout un soir ses prunelles d'un gris-mauve, couleur de pervenche fanée, l'air de deux meurtrissures plus pâles dans la nacre transparente de sa face meurtrie : somme toute, un charme de souffrance et de maladie, et que démentait au lit le tempérament le plus froid ou le plus éteint dans un corps surmené de fatigue. Je l'avais quittée sans regret, et son image s'était vite effacée de mon souvenir ; et c'était elle qui revenait vers moi, c'était bien elle, dont les grands yeux devenus d'un bleu foncé, non encore déjà vu, me souriaient et m'interrogeaient. Elle était debout devant la table de l'estaminet où je dégustais un café médiocre, et toute souriante dans un pauvre waterproof usé, elle me regardait, m'implorait et me buvait des yeux tout à la fois, avec une visible joie répandue sur tout son pauvre visage... et comme je ne m'expliquais ni cette joie, ni cet élan de retour, Janine s'asseyait près de moi et, devenue presque jolie de confusion et de grâce attendrie, me confiait qu'elle ne faisait plus le métier. Oui, c'était ainsi, elle avait fini par avoir honte ; coucher avec Pierre et avec Jacques, ça lui levait le cœur. Elle avait trouvé de l'ouvrage dans une maison de couture ; elle gagnait jusqu'à cinq ou six francs par jour, avait une chambre à elle, où je pourrais la venir voir et, de suite, si je voulais; et comme je m'effarais, étonné. « Oui, je pourrais l'aimer maintenant qu'elle était sage, et elle pourrait m'aimer, car si je l'avais trouvée si froide et si mal en train, les autres fois, c'est justement parce qu'elle couvait une passion commençante, et qu'elle avait honte de me faire à moi, qu'elle aimait, les mêmes caresses qu'à un client » et elle cachait son front dans ma poitrine... et la fatuité des hommes est si grande, que je n'éventai ni le mensonge, ni le piège, et je montai chez Janine.

Ce fut, d'ailleurs, une des meilleures heures de ma vie. Ce que ce petit corps frêle et nerveux pouvait contenir de volupté et communiquer de passion ! Janine, devenue sage, flambait comme un feu de Noël et je la quittai sur un long baiser de gratitude en lui promettant de revenir... et je revins, en effet, deux fois, trois fois même, la trouvant chaque fois plus amoureuse et plus emportée dans la fièvre de ses abandons. Chaque fois, je lui laissai un cadeau, n'osant, maintenant qu'elle était sage, lui offrir de l'argent ; et, chaque fois, c'était une effusion passionnée, une étreinte toute de frémissements et de larmes. La dernière fois, pourtant, je la trouvais un peu triste ; pressée de questions, elle finissait par m'avouer qu'elle avait un gros ennui. Son frère, un mauvais sujet qui, par sa mauvaise conduite, avait hâté la mort de leur mère, venait de sortir de prison ; il était sur le pavé de Paris, sans place et sans désir d'en trouver et la harcelait de demandes d'argent. En la quittant, cette fois-là, je lui glissais un louis dans la main en lui conseillant de donner congé là où elle était et de changer de logement ; cet argent-là l'aiderait à payer son mois. Elle s'engagea à le faire en exigeant que je vinsse encore une fois dormir avec elle dans ce petit appartement, où elle avait été si heureuse : « C'était là qu'elle avait été toute à moi, et pas une heure, ni deux, ni trois, comme tu fais toujours, insistait-elle, mais toute la nuit, pour qu'on soit bien à soi tous les deux » ; et comme j'objectais mon service au théâtre finissant si tard et l'ennui pour elle de m'attendre jusqu'à minuit passé pour me faire entrer dans la maison : « Mais non, mon chéri, m'insinuait et câlinait sa voix ; tout ce qu'il y a de plus commode, au contraire. Tu sors de ta boîte à minuit, tu donneras le nom de mon frère au concierge. « Hector, tu diras, et moi, je t'attendrai au lit bien chaudement, je bassinerai le dodo. N'est-ce pas, mami, que tu viendras ? »

Et j'y allais, je me faufilais sournoisement dans cette grande maison d'ouvriers, sans même avoir besoin de jeter le nom de passe au concierge.

Janine m'attendait au lit dans sa pauvre petite chambre au papier déteint; la clé était dans la serrure, je n'eus qu'à pousser la porte; une bougie brûlait sur la table de nuit. Janine ne m'entendait même pas entrer; elle dormait. Comme elle était pâle! jamais la fatigue de son pauvre visage n'était apparue si navrante et si pitoyable. Elle dormait, et ses paupières mal fermées laissaient filtrer je ne sais quelle lueur sourde qui me serra le cœur; ce n'était pas un regard et ce n'étaient pas des larmes, c'était pis que tout cela : de la douleur suintait entre ses cils mouillés. Je me dévêtais en silence et me glissais auprès d'elle, craignant de la réveiller. Qu'elle avait froid, mon Dieu! son petit corps frêle ne m'avait jamais paru si glacé; je la prenais dans mes bras, essayant de la réchauffer. Janine demeurait inerte, froide, n'essayant même pas de se dégager; on eût dit une chose morte à côté de moi; cela finit par m'effrayer : « Janine, réponds-moi, tu es malade? » faisais-je en la secouant toute.
— « Oui, un peu, me répondait-elle enfin

dans un souffle, je cours depuis six heures du matin (et entre ses dents) j'ai perdu ma place, à cause de mon frère, oui, oui. Mais laisse-moi dormir, je tombe de fatigue, nous nous aimerons plus tard, dis, n'est-ce pas ? » Elle me faisait pitié, je soufflais la bougie et prenais mon parti de dormir.

« Janine, où es-tu ? » C'était moi qui, dressé sur mon séant, le front moite, tâtais fiévreusement la place vide, l'oreille tendue vers la porte qui venait de se refermer. « Janine, est-ce toi, es-tu malade ? » Un pas se rapprochait du lit, une allumette criait dans l'ombre. « C'est pas Janine, c'est moi ! » répondait une voix d'homme. Et, la lumière s'étant soudain faite, je me trouvais en face d'un grand gaillard en veste de zingueur et en cotte de toile bleue. « Oui, c'est moi, son frère à elle ; oh ! la petite est loin. Pas la peine de crier, j'ai de quoi vous faire taire. » Et, tirant un énorme couteau à virole de sa poche, il l'ouvrait tout grand, me faisant miroiter la lame sous le nez : « Avez-vous beaucoup d'argent sur vous ? »

J'étais nu, couché, sans arme. Crier! j'avais les dix centimètres d'acier dans la gorge. Risquer un corps à corps dans cette chambre avec ce bandit, chose folle. « — Prenez, lui dis-je, dans le gilet, il y a bien soixante francs », et quand il eut fouillé et vidé mes poches. « — Vous n'êtes pas le frère de Janine, m'écriais-je enfin, car la colère commençait à me monter, mais son souteneur, c'est une petite misérable et c'est un guet-apens. — Et puis après! me répondait-il tout tranquillement, vous êtes bon, tant pis pour vous! J'en ai assez, moi, de battre le pavé sans ouvrage, assez de la purée et de l'ordinaire du trou, et puis c'est pas tout ça, aboulez-moi les bagues. — Quelles bagues? — Mais là, ce jonc que vous avez au doigt. — Mon saphir! » C'était une bague précieuse qui me venait de famille et avec elle, un anneau égyptien orné d'un scarabée rapporté d'Égypte par un ami, et comme je me cabrais, prêt cette fois à disputer chèrement mes bijoux : « — Vous voulez pourtant pas que je me serve de ça? gouaillait l'homme en sortant un morceau de savon de sa poche. Vous savez pourquoi c'est faire ? ça donne du glissement, ça aide à retirer les bagues des doigts des refroidis. Si vous voulez pas que je vous savonne, aboulez le jonc de vous-même. »

Et les yeux de l'homme chavirèrent tout à coup, si blancs dans sa face crispée et terreuse, ses maxillaires eurent une si soudaine avancée de menace que je m'exécutais et les donnais, mes bagues, et l'homme, pesamment, lentement, se retirait de son pas tranquille et fermait la porte à double tour.

C'est le concierge qui me désemprisonna le lendemain matin. Avouez que c'est une belle histoire de masque.

L'IMPOSSIBLE ALIBI

Dans le dénûment d'une vaste pièce vide, rez-de-chaussée à louer, atelier ou magasin devenu un logement de pauvre, un homme en robe de chambre était assis, un homme dont on ne voyait pas le visage. La tête dans ses mains, les coudes appuyés à une table, il lisait... Un homme ? une silhouette d'homme plutôt, car cette apparence de vivant semblait se fondre et se dissoudre dans de l'ombre, l'ombre de la nuit qui tombait rapide, entassant des ténèbres dans les angles, et reculant étrangement le plafond, car tout devenait étrange dans la vaste chambre triste ; étrange, ce liseur obstiné malgré l'obscurité grandissante ; étrange, son immobilité d'automate, et plus étrange encore le silence effarant, angoissant de ce grand logement nu, où l'on n'entendait même pas le bruit d'une respiration.

Un grand châssis vitré, aux rideaux tirés, s'ouvrait au bout sur une petite rue morne. Un allumeur de gaz y passait, un réverbère s'éveillait, un pan de mur s'éclairait, en face, récemment blanchi à la chaux, grand carré de pâleur crue dont s'aggravaient encore l'obscurité de ce logis de silence, et la silhouette de ce liseur inquiétant ; puis deux sergents de ville encapuchonnés s'encadraient dans la grande baie lumineuse, deux sergents de ville battant leur quart. Un coup d'œil oblique dans la chambre ténébreuse et sur l'homme assis, et ils étaient passés, ils étaient partis.

Et, tout à coup, une grande clarté rouge, un geyser de flammes et un bruit effroyable : détonation ou effondrement ? Et toute la chambre et la toute petite rue étaient illuminées d'un reflet d'incendie, d'un immense vacillement de tout le ciel empourpré et puis soudain éteint ; et les carreaux d'une petite porte vitrée, qui donnait à gauche, tombaient en éclats... Et puis, le silence, l'affreux silence, plus affreux encore après tout ce tumulte, et, dans l'affreuse chambre nue, la plus affreuse nuit! Alors le cri d'une clef grinçait dans la serrure : la porte s'ouvrait et se refermait, la clef grinçait encore, et, comme une trombe, un homme se précipitait dans la chambre, qui se jetait sur le liseur, le prenait aux épaules, le terrassait, lui arrachait sa robe de chambre, s'en enveloppait et s'asseyait brusquement, le front dans les mains, les coudes à la table, dans la même attitude que le mannequin, le mannequin gisant, maintenant, les membres jetés de-ci de-là, ridicule et tordu.

Et les sergents de ville repassaient en courant ; l'homme au geste meurtrier se levait et allait ostensiblement à la fenêtre ; il se penchait en dehors, et demandait aux agents la cause de ces flammes et de ce bruit. Mais ils ne savaient pas, ils allaient voir. Quelque explosion, sans doute... Encore un coup de ces sacrés anarchistes! L'homme, alors, refermait la fenêtre, rabattait hermétiquement les volets et, revenant à la cheminée, en soulevait le tablier, allumait à la hâte quelques brassées de bois blanc et de ramilles qui y étaient disposées.

Les agents l'avaient vu, son alibi était bien établi. Puis, rassuré, il s'agenouillait auprès du mannequin et le décarcassait. Fébrilement, hâtivement, il décortiquait ce veston bourré de chiffons et d'étoupes, jetait le tout au feu avec la perruque et le masque... et, dans les ténèbres tremblantes, les flammes de la cheminée avaient l'air d'éclairer un dépècement de cadavre, un chourineur en train de supprimer de déplorables restes.

L'homme alors se relevait. Un lent regard circulaire promené autour de lui... et il respirait longuement, bruyamment, soulagé enfin, mais soudain s'affalait sur sa chaise, à bout de forces, vidé de toute son énergie... la détente de cette terrible heure d'angoisse, la prostration qui suit les grandes dépenses de force nerveuse... et le supplice de l'homme qui a tué commençait.

Tout prenait corps et devenait un danger dans la solitude de la grande chambre nue, ces braises du foyer l'éclairaient si bizarrement. La malice des choses s'embusquait aux carrefours de la nuit ; c'étaient, le long des murs, accroupies et soudain redressées, des silhouettes veilleuses et menaçantes ; partout une âme noire et terrible s'agitait pour torturer l'homme misérable et vaincu...

La police ! Une descente de police chez lui. Un pas avait glissé sur le parquet, un pas furtif, comme feutré. Et l'homme dressait l'oreille ! Ce n'était qu'un trot de souris. Le bois de lit avait craqué ! Non ! Qui donc avait fait remuer la porte ? Pourquoi ce frisson apeuré dans le sursaut des flammes à l'agonie, et cette sarabande obsédante et folle d'ombres dansantes autour de la pièce, ce tournoiement éperdu de masques et de grimaces qui donnait le vertige à l'anarchiste ? Une angoisse affreuse tenaillait l'homme, son cœur battait à se rompre, la tête lui tournait, un poids énorme écrasait sa poitrine, et l'hystérie de la peur le tenait, l'étranglant au gosier, raréfiant sa salive.

Et l'anarchiste d'un effort se levait, allait

vers le châssis, l'ouvrait tout grand, respirait l'air nocturne et puis, un peu calmé, s'approchait de la table, et allumait une lampe.

La lampe, la clarté! et s'installant à la table, là, dans la lumière rassurante, l'homme essayait d'écrire... Écrire... Mais, chose terrible, sa main tremblait, tremblait, tremblait. En vain s'efforçait-il de la maintenir, la main tremblait toujours, le tremblement gagnait le poignet, le bras, l'épaule, et halluciné d'épouvante, l'homme regardait trembler sur le papier cette main frénétique qui désormais tremblerait toujours. Alors il jetait la plume loin de lui, et tentait l'effort d'une lecture; il allait prendre sur la cheminée, parmi trois ou quatre volumes étayés debout contre le mur, une revue non coupée, et revenait s'asseoir à la table, mais les volumes dérangés s'écroulaient sur le marbre avec un bruit mat, et l'homme terrifié *sursautait*.

Ses prunelles regardaient, effarées, agrandies. Rien, ce n'était rien, et avec son mouchoir l'homme épongeait son front moite, et **voilà que devant le châssis une ombre passait.**

Une ombre, d'où venait-elle? Et dans le même instant une lettre tombait dans la boîte de la porte vitrée. Pourquoi cette lettre ? Et l'homme avait peur de cette lettre ! Il allait la retirer pourtant, et s'approchait de la lampe pour en ouvrir l'enveloppe ; mais depuis une minute, sans qu'il s'en rendît compte, la lampe avait baissé, et en voulant déchiffrer l'écriture, l'homme s'avisait avec effroi que tout était obscur autour de lui et, brusquement, l'homme tentait de remonter la lampe, et maladroitement l'éteignait.

Et c'était la nuit soudaine, le mystère angoissant des ténèbres plus denses, le feu à demi mort, les flammes assoupies sur les tisons à demi consumés, la terreur grandissante dans la chambre noire et hantée; et alors, à cette minute, à la porte, trois petits coups discrets étaient frappés. Trois coups! Et une terreur folle assaillait l'anarchiste, il eût voulu fuir au galop, n'importe où, se cacher dans un coin, se jeter, la tête enfoncée dans ses mains, sous la table. Et les doigts heurtaient contre l'huis les mêmes trois petits coups secs... et, redressé de toute son énergie, l'homme gagnait à tâtons la cheminée, jetait au foyer une poignée de ramilles, et les flammes ayant jailli, prenait sur lui d'aller ouvrir. Et *Elle* entrait.

A pas menus, une petite vieille était entrée dans la chambre, une petite vieille en deuil, proprette et discrète, un parapluie sous le bras, des mitaines aux mains, un chapeau cabriolet sur la tête. Elle était neutre et démodée avec un cabas en tapisserie au bout des doigts, un regard en tapinois embusqué sous des lunettes minces. Silencieuse et doucereuse, elle allait à l'anarchiste qui reculait et, quand elle l'eut acculé au mur, elle lui tapota l'épaule, le flatta et le complimenta.

Oh ! la terreur de l'anarchiste et la détresse de ses regards effarés ! Et la petite vieille s'approchait de la table, ouvrait son cabas, et en sortait une bombe... une bombe en tout point semblable à l'autre !

« Non, pas ça, pas ça ! » Et, de la main, l'anarchiste faisait signe que non, qu'il en avait assez, qu'il ne voulait pas, qu'elle eût à remporter sa bombe. Mais la petite vieille souriait toujours, avec une lueur aiguë dans ses petits yeux obliques, et son ironie mielleuse devenait menaçante, son geste et son attitude maintenant ordonnaient. L'anarchiste lui appartenait. N'était-il pas son complice, sa propriété, sa chose? Son premier attentat l'avait fait sien, il lui avait obéi une fois, et lui obéirait toujours. Elle était l'Anarchie, l'anonyme et terrible et despotique Anarchie, qui ne permet pas qu'on l'abandonne et qu'on la lâche, elle, comme une banale et pitoyable maîtresse ; elle était sans pitié. « Sans pitié », était sa devise, et elle disposait de lui, de sa volonté, de sa vie, de son âme comme de sa vie, de l'âme et de la volonté de tous les siens : il irait porter cette bombe. Et l'anarchiste, maté, vaincu, acquiesçait d'un geste humble, tandis qu'à petits pas discrets, le geste patelin, la petite vieille sortait à reculons, s'enfonçait vers la porte, dans l'épaisseur du mur et le noir de la nuit.

Et l'homme demeuré seul regardait cette bombe, et puis fasciné s'approchait. Un grand mouvement de foule se produisait alors devant la fenêtre ouverte ; des cris de mort étaient vociférés... Une escouade de sergents de ville passait escortant un convoi de blessés et de cadavres, et des civières défilaient ; les unes étaient couvertes d'un drap blanc, les autres étalaient des crânes ouverts, des membres tordus, des figures charcutées et sanglantes.

Et l'homme, d'un mouvement machinal, s'emparait de la bombe pour la cacher, mais sa main tremblait, il ne pouvait la retenir, et toute sa face se révulsait dans une indicible épouvante... et l'explosion retentissait, fracassante ; des membres lacérés, de la chair en bouillie jaillissaient, éclaboussés de sang, et une grande clarté rouge, un immense flamboiement, illuminait les poutres et les charpentes d'un effondrement vaste ; et cela s'intitulait l'*Impossible Alibi*, et tant de mystère, d'angoisse, de fantastique et d'effroi grandissant, dans ce cadre miséreux et cruellement moderne, tout cela constituait une poignante et injouable pantomime, une œuvre quasi géniale par l'obsession d'horreur du drame intime, atroce et lancinant.

Elle était signée du peintre L.-W. Hawkins, et j'avais aimé cette œuvre ténébreuse et aiguë où il y avait, pour moi du moins, comme une atmosphère d'Edgar Poë, dans ce meurtre d'un mannequin, et comme une entrée de masque dans la courte et discrète, mais terrifiante visite de l'Anarchie à l'anarchiste, cette petite vieille si proprette à cabas et à lunettes! Les moindres gestes de l'homme, son alibi établi grâce à son double, le mannequin installé en son lieu et place, l'assassinat du fantoche et son dépècement à la flamme tremblotante d'un pauvre feu de bois blanc, tout cela fleurait une âcre et pénétrante odeur de crime, tout cela suait la peur, la misère, l'alcool et la folie du traquenard et des déguisements. L'alibi de l'anarchiste était organisé comme un guet-apens, et les hallucinations vengeresses du misérable y étaient bien plus des spectres de repaire que des fantômes de taudis...

Cet *Impossible Alibi* de L.-W. Hawkins je

tentai vainement, hélas ! de l'imposer à Antoine, puis à Lugné-Poë ; tous deux ont monté, depuis, de longues œuvres qui ne valent pas les trente minutes d'angoisse du personnage d'Hawkins... je devais retrouver l'*Impossible Alibi* déformé, dénaturé, ravalé au niveau d'une espèce de soliloque sentimental aux Funambules : vision d'éther et de gin édulcorée et changée en petit acte moral à l'usage des familles, par une collaboration... sinon coupable, imbécile : la *Conscience*, les affres de l'homme qui a tué y étaient devenues la *Conscience*... Pauvre L.-W. Hawkins, pauvre *Impossible Alibi* !

Voilà pourquoi il m'a plu, en plein soleil de la Riviera, dans le fauve et le bleu d'un paysage méditerranéen, à la veille des oripeaux, des paillons et des joies d'une Mi-Carême de Nice, d'évoquer et de faire revivre dans une *Histoire de masques* la terrible vision de froid, de brume, d'alcool et de misère, l'effarante hallucination de révolte et de banlieue parisiennes qu'était l'*Impossible Alibi*.

LE COUP DE GRACE

Dans la verdure rajeunie du Bois, une victoria déboucha brusquement au tournant de l'allée. C'était du côté de Boulogne ; nous marchions là à pied, séduits par la solitude du lieu, et sous le lacis des branches frêles, dans la lumière glauque tamisée par les feuillages nouveaux, une tête de femme se profila, encore jolie sous l'acajou des cheveux teints, encore jolie, mais déjà massive, les maxillaires empâtés par les bajoues de la quarantaine, et le dessin du nez (il avait dû être exquis jadis, le dessin du nez), hélas ! noyé dans la graisse... Pauvre belle ! le bleuissement des paupières et les lèvres touchées de fard trahissaient encore le désir de plaire, la volonté d'une survie surtout ; mais stérile effort, cette beauté obstinée sombrait dans l'engorgement de la lymphe ; et, par le clair-obscur de l'allée déserte, cette pauvre face de coquette acharnée verdissait sous la poudre et devenait un masque.

« Tiens, tiens, elle est donc revenue à Paris, màchonnait Jacques Dehellier, elle s'est décidée. » La victoria était passée, et de la femme on ne voyait plus que son volumineux chapeau de paille bleue en silhouette au-dessus de la capote dans la voiture, dans le même axe que le dos du cocher. Dehellier avait dit cela en soliloque, comme s'adressant à lui-même... D'où connaissait-il cette femme que je n'avais jamais vue, moi qui possède pourtant assez bien mes habituées du Bois.

— Voilà ce que c'est que d'être ton aîné, les cinq ans de différence qu'il y a entre nous font toute ma supériorité sur toi.

Et Dehellier ricanait, car il avait lu dans mes yeux ; puis, après une pause, pour bien jouir de ma surprise et se donner de l'importance : « — La femme aux cheveux teints, une vieille gloire de Cythère, disparue depuis quinze ans et que je suis tout étonné de revoir. Comment ose-t-elle reparaître ici après son aventure? et il s'arrêtait, songeur... — Oh! tout un scandale, mais qu'on a étouffé en haut lieu, parce que la dame avait des amis puissants, une situation politique, presque : elle renseignait, dit-on, une ambassade étrangère ; la Chancellerie intervint et fit relâcher l'amie de M. de X... C'était quelques années après la guerre, après 1870, et Claude Izel, toute jeune alors, avait déjà une mère très connue au quai d'Orsay et qui renseignait. Oh! très bien dressée, elle n'a eu qu'à entrer dans la carrière ; elle a tout de même un certain aplomb de revenir ici maintenant. Il est vrai que c'est maintenant le moment ou jamais : il n'y a plus que des étrangers chez nous, et puis, à la veille de l'Exposition, une de plus, une de moins ! Elle a pourtant un nom difficile à porter. Puis, après tout, qui est-ce qui la connaît, à part quelques hommes de club, des vieux fêtards du syndicat !... Je dis syndicat, parce que Claude était si chère qu'on se mettait toujours à cinq ou six pour l'entretenir. Puis, qui sait, elle est peut-être mariée ! C'est cela, elle est mariée, sûrement, elle est honnête femme ; elle nous revient baronne ou comtesse pour le moins ; elle aura trouvé là-bas quelque gogo allemand ou plutôt un prince vénitien famélique, car Claude Izel est très riche, très riche. On trouve toujours un mari avec deux millions, et nous la verrons peut-être à l'Elysée, dans les fournées de l'Exposition ! Ce sera drôle, car Claude a fait plus que risquer Saint-Lazare !... Et, comme énervé par toutes ces réticences, je les interrompais enfin par un trivial « Accouche donc ! » — Accouche donc ! je ne vais pas te raconter tout le passé de Claude, ce serait un peu long. C'est à midi que nous déjeunons à Armenonville, n'est-ce pas ? Et nous voilà derrière les tribunes d'Auteuil, dix heures et demie. Il nous faut marcher bon pas. Tout ce que je peux te dire, c'est que Claude a eu une fâcheuse histoire à Baden-Baden en dix-huit cent soixante-seize, ce qui ne la rajeunit pas. — Dix-huit cent soixante-seize. — Oui, écoute. Elle était alors la maîtresse d'un vieil Anglais octogénaire, lord Moosberry ou Loosberry, un joueur enragé qui faisait toutes les villes d'eaux et ne quittait la partie de son club à Londres que pour le tapis vert d'Ems, d'Ostende et de Baden ou le trente-et-quarante de Monte-Carlo. Comment Claude s'était-elle insinuée dans les bonnes grâces du vieillard, cela est assez délicat à deviner ; car, jusqu'ici, lord Moosberry, tout entier à ses martingales et à ses calculs de gros ponteur, avait paru se soucier peu des femmes. Il était même renommé dans tous les salons de jeux pour sa dureté vis-à-vis des glaneuses de louis, le troupeau des filles qui rôdent autour des tables, essayant de rafler, mi par persuasion, mi par audace, un ou deux jetons aux joueurs heureux ; mais, avec une ténacité étonnante chez ses pareilles, créatures en général de coups de tête et de coups de sens, déprimées par la noce et sans autre volonté que leurs caprices ou les exigences de leurs fournisseurs, Claude Izel s'était attachée aux pas de lord Moosberry, et cela depuis déjà quatre mois, depuis qu'elle l'avait rencontré dans le salon de baccara de Biarritz.

Le gros ponteur avait dû lui être signalé ; mais, désormais debout derrière le vieil Anglais et attentive à son jeu durant toutes ses parties, elle avait été de Biarritz à Ostende et d'Ems à Monte-Carlo comme la destinée apparue et enfin incarnée du vieillard, une destinée en toilette de batiste et en mante de soie légère de cinquante à deux cents louis, aérienne, frêle et divinement blonde comme un portrait de Lawrence ; car j'ai connu l'écroulement de chair, que tu viens de voir passer, mince comme une canne à pêche et d'une gracilité exquise. Toujours est-il qu'au bout de quatre mois de cette chasse aux millions, Claude Izel vint à bout de ses fins et qu'on la vit pénétrer un soir, à Baden-Baden, dans les salons du Kursaal, au bras du vieux sire ; jusqu'alors, il ne lui avait jamais adressé la parole ; et ce fut un triomphe pour la courtisane et tout une émeute dans le clan de ces dames. Le vieux lord avait, dit-on, près de trois millions de rentes, et cette fois, pour parler l'argot de Cythère, Izel avait mis dans le mille et possédait le sac.

Il est vrai que, merveilleusement stylée par

sa mère, Izel avait toujours dédaigné ceux que nous appelons aujourd'hui *les gigolos*, pour les amours sérieuses des messieurs bien rentés, déjà mûrs, sinon vieillissants, santés chancelantes, mais fortunes bien établies. Parfaite garde-malade, dressée à tous les dévouements, elle avait déjà, dit-on, bénéficié de quelques agonies, et quand le scandale de l'hôtel Harthman éclata, le surnom de *Coup de grâce*, que lui valut l'aventure, circulait déjà dans son entourage, adroitement lancé par les petites amies.

Coup de grâce ! et comme j'insistais ébaubi. — Ah ! tu es trop bête aussi. Sache donc que le troisième jour de sa liaison affichée avec Claude, je dis troisième jour, c'est plutôt troisième nuit, tout le personnel de l'hôtel Harthman était réveillé, mis sur pied par des appels désespérés et des sonneries frénétiques partis de l'appartement de lord Moosberry. — Lord Moosberry y était rentré assez tard du Kursaal, après un gain de quatre-vingt mille marks et avait soupé dans le salon, attenant à sa chambre à coucher, avec Claude Izel. On se précipitait vers la porte du vieillard qu'on trouvait verrouillée, barricadée ; son valet de chambre cherchait en vain à l'enfoncer, enragé et buté de ne pouvoir arriver à temps. A l'intérieur, les appels avaient cessé et l'on n'entendait plus que des râles ; un serrurier dut venir, et quand on ouvrit la porte, ce fut ce scandale et cette épouvante : lord Moosberry étendu sur le tapis, en tenue de soirée, le col de chemise déchiré, son plastron lacéré et tacheté de gouttes de sang comme si on l'avait étranglé. Les joues violettes, le cou marqué de coups d'ongles ne laissaient là-dessus aucun doute ; la table du souper avait été renversée, et la nappe, en glissant, était retombée sur le vieil homme, qu'elle recouvrait de plis de linceul. Dans la chambre à coucher, les valises avaient été saccagées ; plus une valeur ; des quatre-vingt mille marks gagnés dans la nuit même, aucune trace ; plus un bijou dans les écrins. Les voleurs avaient pourtant respecté ceux que le vieux joueur portait cette nuit-là ; les doigts de la victime avaient toutes leurs bagues et la montre sortie du gousset pendait encore avec les breloques accrochées à une boutonnière. Ce fut dans tout Baden un effroi consterné. Le valet de chambre de lord Moosberry, un Irlandais à son service depuis quarante ans, affirmait que son maître avait apporté avec lui plus de quatre cent mille livres sterling, dont deux cents livres en lettres de change qui ne se retrouvèrent pas. Et les portes étaient closes, closes les fenêtres dont les rideaux n'avaient même pas bougé ; closes les portes avec les verroux dans les gâches. Claude Izel, était accourue aux cris et aux doléances du personnel de l'hôtel ; elle ne partageait pas la chambre de son amant et s'était retirée, il y avait une heure, après le souper, dans la partie de l'hôtel qu'elle occupait et où sa femme de chambre l'avait mise au lit. C'était à n'y rien comprendre.

Lord Moosberry, qui râlait toujours, la bouche tordue et l'écume aux dents, sans pouvoir articuler une parole, ne reprit pas connaissance ; il était déjà entré en agonie quand on avait pu pénétrer auprès de lui ; les médecins appelés ne furent d'aucun secours ; lord Moosberry mourut dans la matinée même de cette nuit mémorable : on ne retrouva jamais ni les valeurs, ni les bijoux.

— Non ?

— Comme je te le dis.

— Le scandale qu'occasionna cette mort à Baden-Baden, les journaux en vécurent pendant toute une semaine, et la fin tragique du vieux lord défraya plus de cent chroniques. Quant à Claude Izel, inutile de te dire qu'elle fut gardée à vue et interrogée par les hommes de police et de loi de là-bas. Tous les soupçons la désignaient, mais, outre qu'on ne trouva rien ni dans ses malles, ni sur elle, il fut établi qu'elle avait quitté son amant une heure après leur rentrée à l'hôtel et l'avait laissé encore à sa table, dégustant le gin et le champagne dont il aimait à boire un mélange savamment dosé, pour se retirer, elle, dans son appartement. Elle put prouver que sa femme de chambre l'y avait aidée à se mettre au lit et qu'elle n'était ressortie qu'au bruit des cris et du tumulte occasionnés par la découverte du crime.

Crime! y eut-il crime seulement?

Le vieil Anglais alcoolique et débauché n'avait-il pas plutôt succombé à une congestion? Ce col déchiré, cette chemise et ce cou lacérés de coups d'ongles, n'était-ce pas lui qui, dans un spasme d'asphyxie, avait porté ses mains sur lui-même et essayé de se dégager d'une vêture étouffante.

Assommé par l'apoplexie, il serait tombé à terre, aurait voulu se cramponner à la table et aurait entraîné la nappe et le couvert sur son propre écroulement.

L'explication était plausible.

C'est Claude Izel qui l'exposa et ce sont les médecins qui la trouvèrent.

Restait toujours l'énigme des valeurs disparues, des bijoux raflés, le vol et son mystère. Un Italien, employé comme sommelier, fut arrêté, puis relâché; il paya pour sa race facilement soupçonnable.

Tout porte à croire que, sans les services rendus depuis longtemps par sa mère, et de très puissants protecteurs, la justice badoise eût été moins coulante vis-à-vis de Claude. Une chose surtout intrigua la justice : la découverte d'un masque de cire traînant au milieu du désordre du souper et tombé à terre dans les plis de la nappe, un masque on eût dit de la tragédie grecque, merveilleusement modelé et peint et reproduisant sous la symétrie de ses cheveux ondés et tassés sur le front, un visage immortalisé par les bustes de tant de musées, la face de volupté et d'abandon du favori de l'empereur Adrien, le visage même d'Antinoüs.

On trouva plusieurs de ces sortes de masques dans les malles de lord Moosberry, masques de cire teintée, d'une perfection infinie de modelage et de coloris et représentant tous des figures historiques ; les policiers allemands en reconnurent trois, celui de Marie Stuart, celui de Buckingham et celui de Caylus, mignon de Henri III. D'après les descriptions qui furent faites des autres, et les hypothèses émises par les journaux d'alors, les trois masques qui complétaient cette collection étrange étaient ceux de Brummel, de la princesse de Lamballe et de Mme Dubarry...

Claude Izel, au cours de son interrogatoire, donna l'explication de ces masques. C'était, allégua-t-elle, une innocente manie de lord Moosberry, de lui faire, pendant le souper, porter un de ces visages de cire ; le vieil halluciné aimait alors à l'apostropher sous le nom du personnage ainsi figuré et, déjà allumé par l'ivresse, délirait soit en invectives de haine, soit en protestations d'amour. La nuit de sa mort, il l'avait courtisée sous les traits d'Antinoüs et, quoiqu'un peu effrayée et surtout écœurée par la folie du maniaque, elle, par pitié et puis par métier aussi, s'était prêtée aux fantaisies séniles du défunt ; on est ou on n'est pas courtisane. Il est de plus tristes corvées encore dans l'existence des vendeuses d'amour. Bref, Claude Izel ne fut pas inquiétée.

Mais, nous voici au Pavillon Chinois ; il faut hâter le pas si nous voulons être à l'heure à Armenonville : on nous attend, ne l'oublions pas et dites-moi merci.

MASQUES DE PARIS

Pour Joris-Karl Huysmans.

I

LA DAME AUX PORTRAITS

> On remarque, cette année, trois portraits de Lady C***, deux aux Champs-Élysées et un au Champ-de-Mars, les peintres de Lady C*** sont, ce printemps, MM. Bouguereau, Carolus Duran et Humbert.

Les cheveux visiblement teints, les chairs travaillées par l'émailleuse et badigeonnées à neuf, les lèvres carminées et jusqu'aux mains hideusement amaigries, poncées et veloutées par je ne sais quelle poudre, tout, en dépit de l'habileté et des tricheries mensongères des peintres, proclamait épouvantablement la décrépitude et la ruine ; mais dans cette Jézabel accablée de bijoux et d'années, dans cette espèce de reine de drame ou de féerie aux fastueux ajustements d'idole, un détail, toujours le même, épouvantait et soulignait, comme d'un trait macabre le mystère inquiétant de la femme : un hausse-col de perles, de perles énormes, d'un invraisemblable Orient, montées sur drap d'argent et qui, gainant de métalliques pâleurs un cou invisible, avait l'air d'être là pour maintenir, sur ce corps de parade, une tête chancelante sous son fard.

A l'Opéra, où l'étrange original de ces portraits avait sa loge, au mardi des Français où la dame était assidue, comme aux premières où la badauderie et la vanité parisienne s'étouffent, celles où il faut être vue, parce que sur la scène Réjane ou Brandès, j'avais toujours retrouvé le mystérieux hausse-col enserrant d'un carcan l'exsangue et contracté visage de vieille reine. Que les épaules fussent découvertes ou voilées, le hausse-col de perles était toujours là, séparant d'un trait lumineux le corps, attifé de soies et de broderies, de la pauvre tête vernissée et raidie, vraie tête de morte galvanisée et comme ressuscitée de force avec ses prunelles figées et son sourire hagard.

Autour de la dame, chuchotées sous l'éventail ou contre la soie du chapeau-claque, des calomnies, des niaiseries et des invraisemblances, toutes les légendes et toutes les histoires : des millions et des millions acquis on ne sait comment, très loin, dans de vagues Amériques, mines de pétrole, cochons salés de Cincinnati ou percement d'isthmes. Des aventures tragiques : des grèves et des révoltes à main armée, les plus graves périls, la dame tombée en otage au pouvoir des mineurs et presque décapitée ; selon d'autres enfin, un drame sinistre dans le West-End et un caprice de grande dame oisive, curieuse des bas quartiers de Londres, punie de la plus atroce mésaventure, une aventure de garni, où l'archimillionnaire américaine aurait été un peu assassinée ; et tous ces racontars en somme tournant et tournoyant autour de ce mystérieux carcan de perles, cachant certainement là quelque épouvantable cicatrice et faisant surnommer stupidement l'énigmatique Yankee : *Notre-Dame des Écrouelles*.

Et pourtant, peut-être n'y avait-il rien sous ce hausse-col de drap d'argent bossué de nacres, peut-être était-ce là une fantaisie de vieille femme coquette voulant dissimuler la maigreur d'un cou sexagénaire, et cette tête éternellement posée dans ce cornet de pierres rares, comme une fleur coupée dans un col de cristal, n'était peut-être qu'une réminiscence des portraits de Clouet, et la femme si terriblement soupçonnée, une simple obsédée des élégances des Valois, une façon de lady Caithness, cette affolée de Marie-Stuart.

Oui, tout cela était possible... Mais maintenant que la Dame aux portraits est morte et bien vides ses loges d'Opéra et de la Comédie, pourquoi ce lumineux carcan m'emplit-il, quand j'y songe, d'un malaise de cauchemar ? et pourquoi, parmi tant de sottises débitées, est-ce un anonyme racontar de femme de chambre congédiée ou qui sait? pis, peut-être, une macabre imagination de garçon coiffeur qui m'impressionne et me fait voir encore sous le hausse-col de perles une pauvre et maigre nuque de vieille femme et de vieille femme chauve, barrée, comme d'une entaille, d'une large bande de taffetas d'Angleterre noir?

Samedi, 10 décembre 1893.

II

L'HOMME AU COMPLET MAUVE

Dans la bousculade des grands halls vitrés où l'on vend de la femme, dans le tohu-bohu des Moulin-Rouge et des Casino de Paris, dans le promenoir du Pôle-Nord ou dans la foule s'écrasant dans les couloirs des Folies-Bergère pour voir danser, lumineuse et fuyante, l'adorable Loïe, il n'est pas rare de surprendre, entre deux bouches tout humides de rouge, de brusques dialogues dans le goût de celui-ci : « C'est l'homme au complet mauve, vas-y ! c'est ton affaire, mais ne te laisse pas emmener chez lui ; une bonne avertie en vaut deux » ; et une de ces dames, rengorgée dans la pelisse de peluche obligatoire, de reprendre sa promenade d'étalagiste avec des œillades à tous les cigares, tandis que l'autre, toute songeuse sous son maquillage, demeure immobile au milieu du promenoir, roulant des yeux de poule hypnotisée sous ses paupières gouachées de noir.

Quelquefois le court entretien s'aggrave de cette objection : « Mais il m'offre cinq louis », timidement hasardée par la dame pensive. A quoi l'amie triomphante et ostentatoire, avec un superbe haussement d'épaules : « Cinq louis sont bons à prendre, vas-y. Vas-y, ma chère, mais te voilà prévenue, c'est l'homme au complet mauve. Ni chez lui, ni chez toi. » Et les deux vendeuses de sensations nocturnes se perdent dans la foule, frôlant surtout et du coude et des hanches les hommes en habit.

L'homme au complet mauve ? Il est certain qu'il est là, dans cette foule, mystérieux anonyme connu seulement des filles et peut-être de quelques noctambules détraqués comme lui ; car, à la terreur évidente des créatures quand elles en parlent, depuis longtemps je ne mets plus en doute que l'homme au complet mauve, ou plutôt celui qu'on désigne ainsi, ne soit quelque aberré passionnel au goût bizarre et difficile à satisfaire, ou tout au moins effarant ; mais quel homme est-ce ? sous quelles apparences volontairement correctes et pareilles aux allures de tous, dissimule-t-il l'étrangeté de ses goûts ? Est-ce ce grand jeune homme pâle, qui grelotte, éternellement enveloppé de fourrures, accoudé tous les soirs, de dix à onze heures, au rebord des loges des Folies-Marchand pour l'entrée de la Loïe, celui-là même dont les yeux éteints parfois se rallument si singulièrement vifs au passage violemment embaumé des femmes ?

Est-ce au contraire cet anglo-saxon trapu, ce sanguin à mine de bookmaker, qui régale royalement, au Moulin-Rouge, les filles attroupées autour de sa table et qu'on retrouve, à deux heures du matin, buvant du gin et du porto dans les boxes d'acajou verni des bars, ou payant à souper aux acrobates du cirque, flanqué de deux ou trois figurantes du Casino de Paris ? — Et j'en citerais bien d'autres.

L'homme au complet mauve ? Mystère !

Et cependant une piste me fascine et m'attire depuis trois jours ; une piste, non, mais ce lambeau de conversation surpris, un matin, vers les deux heures, entre deux filles de chez Sylvain. Je transcris : « Il m'avait dit de venir chez lui vers les trois heures, dans l'après-midi, rue Mademoiselle... Comme il avait des diamants plein les doigts, une perle d'au moins trois mille à sa cravate et du jonc dans les poches, en veux-tu en voilà, et qu'il avait parlé de pas moins de cinq louis, je m'étais dit : « J'irai », bien qu'avec son maquillage, cette pâte rose qu'il a sur toute la gueule, et son grand nez pincé, il ne me revînt guère. Je m'amène : la rue Mademoiselle, c'est au diable vert, là-bas dans Grenelle. Je m'étais fendue d'un sapin, et me voilà dans une vilaine rue d'ouvriers, devant une maison toute drôle, sans concierge, toutes les persiennes closes. Mais c'est une *maison*, que je me dis. Je sonne quand même. Une espèce de vieux domestique, l'air d'un sacristain dans une longue redingote de chattemite, haut comme ma botte et vilain, vilain, m'ouvre avec une quasi-révérence et m'dit : « C'est vous, mam'zelle Irma, prenez donc la peine d'entrer, on vous attend » ; tout ça me semblait drôle, mais m'voilà grimpant tout de même dans un grand escalier tout dallé, comme on en voit dans les hôtels de province. On ouvre une porte et l'on m'pousse dans un p'tit salon tout en soie rouge avec, tout partout sur les murs, des gravures épatantes, tu m'comprends, des indécences ! Une portière se soulève, et v'là mon homme qui s'amène, mais dans quel costume ! vrai, ça m'a fait un coup ! Tout en peluche mauve, pantalon et veston, sans gilet, en chemise de soie jaune, jabot de dentelle, collerette et tout, et pour plus de trente mille francs de diamants, broches de femme, épingles de cravates, araignées de pierreries fichées dans ses dentelles, et sa gueule de curé, toute rasée, toute molle, au cold-cream et à la poudre, avec du rouge aux lèvres, et les yeux faits comme ceux des femmes du Boulevard... » —. Mais à ce moment l'autre fille, ayant remarqué que j'écoutais, faisait signe à sa compagne, les confidences en demeuraient là ; et je songe toujours à l'homme au complet mauve...

Samedi, 17 décembre 1893.

III

LA POMPE-FUNÈBRE

Joris-Karl Huysmans l'a burinée en trois coups d'ongle dans son étude sur Félicien Rops : face glacée et vide, canaille et dure, yeux limpides, au regard fixe, le regard fixe et cruel des Tribades, bouche un peu grande, fendue droite, nez régulier et court.

Aux beaux temps envolés des courses de taureaux, c'était une assidue de la Plaza ; singulière était même son attention à chaque banderille enfoncée dans le cuir saignant du taureau. Puis elle n'y reparut plus ; elle avait déserté cette inutile parade, ce mardi-gras de « Tra los Montes » en pleine vogue parisienne, en plein engouement de coulisse et d'alcôve.

On la rencontra quelques soirs aux Invalides, autour des répugnantes exhibitions des Aïssaouas faisant grésiller leur joue fendue et leurs paupières à vif au-dessus d'un brasier, puis ce fut tout, oncques on ne la revit : la Pompe-Funèbre avait quitté Paris, bazar envahi par la vermine d'Orient et des deux Amériques, le Paris des agences Cook et des trains à prix réduits.

Pendant quatre ans le monde des cirques et des acrobates respira, délivré d'un poids, d'un opprimant cauchemar. Mais la trêve vient d'expirer : la Pompe-Funèbre vient d'être signalée, la Pompe-Funèbre est de retour à Paris... après plus de onze ans d'absence... la Pompe-Funèbre et ses yeux vides et clairs, sa pâleur exsangue et sa face mauvaise de monstre vorace, qui reviendra vampire et galvaudera la nuit ; elle était jeudi soir au Nouveau-Cirque, prenant un visible plaisir à regarder se tordre dans le vide, son horrible bâillon aux dents, Miss Orina, l'acrobate femelle du cirque Manzoni.

Cette femme qui, moulée dans un collant de

soie blanche, se laisse hisser, une corde entre les dents, jusqu'aux cintres et là, suspendue dans l'espace, décharge coup sur coup six fois un pistolet et se laisse ensuite redescendre lentement, virevoltant plus lentement encore sur elle-même et tout le poids de son corps portant sur ce cou, qui se brise et cette bouche, qui mord... cette acrobate au maillot argenté, qui peut être tuée à chaque seconde.

Durant les cinq minutes que dure le spectacle, cette chair humaine peut vingt fois tout à coup défaillir et lâcher, s'écraser et s'abattre au milieu de la piste, sous les regards figés et ravis d'épouvante d'un public ébloui.

La Pompe-Funèbre adore ces poignants spectacles ; la cruauté qu'ils éveillent dans l'âme et l'ébranlement qu'ils donnent à nos nerfs, voilà les voluptés dont se repaît sa sensualité cérébrale et blasée : quand elle fréquentait la Plaza, croyez bien que c'était uniquement parce qu'elle espérait toujours voir un des matadors, bousculé par la bête, demeurer une bonne fois étripé et saignant, crevé, sur le carreau. Un homme vraiment tué, voilà le piment de la chose ! Que sont à côté de l'émotion de la mort imprévue et violente le péril dans le spectacle offert et la grâce insolente dans le risque couru ?

Oh ! elle est bien connue dans le monde spécial des cirques et des baraques, la Pompe-Funèbre, connue et redoutée des forains de banlieue comme des princes du métier aux cachets de ténor, les Scheffer et Mora, les rois des gymnasiarques ! Plus effroyable est l'exercice, plus il met la vie de l'artiste en péril et serre les poitrines d'une étreinte angoissante, plus la Pompe-Funèbre s'y montre assidue. Les yeux insatiables, elle est là, fervente habituée des six et des huit mois durant, tous les soirs à poste fixe, des Folies à Paris, de l'Aquarium à Londres, de l'Olympia à Vienne, etc.

Implacable et tenace, on dirait qu'elle épie, qu'elle guette une défaillance, un faux départ, un faux mouvement, la minute de vertige qui fera lâcher prise au trapéziste envolé dans les cintres et le jettera, cadavre, au pied des spectateurs éclaboussés de sang. La Pompe-Funèbre ! Les frères Elton, les Agelman de

Londres, et les brillants Brillatori de Naples connaissent de longue date son dur profil cosaque, ses cheveux couleur de paille et sa souple taille un peu plate, sanglée de vestes de drap clair sur de somptueuses robes noires. Coiffée d'une éternelle et toujours neuve capote de violettes, elle hante, à la façon d'un spectre, l'esprit superstitieux des jeunes acrobates, elle fait d'indignation onduler les épaules trapues des vieux barnums.

Son nom... on l'ignore. Riche... sans doute; Américaine ou Slave... pas Française, à coup sûr! Des succès d'alcôve auprès des jeunes dieux, rayonnants et musclés, de la barre fixe et du trapèze ?... De sinistres histoires se chuchotent là-dessus; des rendez-vous amoureux implorés, obtenus et payés jusqu'à deux cents louis, quelquefois en diamants, toujours exigés une heure avant le numéro du spectacle ou quelque soir d'émotionnants débuts : rendez-vous amoureux presque toujours suivis d'un affreux accident, d'une mortelle catastrophe.

La Pompe-Funèbre, c'est sous ce nom qu'on la connaît aux Folies, chez les Isola, et chez les Franconi ; elle fait émoi jusqu'en les foires. Elle soutire la vie, la force et la jeunesse, voue, envoûte, ensorcelle, comme en plein moyen âge, porte guigne et malheur : d'un appel de ses yeux, d'un battement de ses lèvres, d'un signe de sa main, sait se faire obéir du Trépas qui la suit, et l'affreuse Camarde est son humble servante : elle pompe la Mort.

IV

LA MARCHANDE D'OUBLIES

C'était une petite vieille femme à la face rose et unie sous deux bandeaux d'un blond sale ; cheveux teints ou perruque, ils avaient l'air surtout terriblement faux, ces deux bandeaux à la Vierge, et tout en elle d'ailleurs avait un air artificiel et fané, qui d'abord amusait à la façon d'une poupée et puis peu à peu, à la longue, intriguait.

D'une vieille poupée en effet, d'une jeanneton à monter les bonnets, elle avait les yeux bleu pâle et sans cils, la paupière bridée, le petit nez insignifiant et le sourire stéréotypé à peine souligné par deux petits traits roses, un sourire béat et amène. Coiffée d'un éternel bonnet blanc tuyauté, les deux brides nouées juste sous le menton, sa taille de mannequin dissimulée sous un caraco de percale, sournoise et proprette, elle errait le long des jours à travers le parc de Saint-Cloud, sous les hauts couverts de la grande allée comme par les massifs du jardin réservé, offrant d'une voix fluette sa marchandise aux passants.

Mᵐᵉ Alfred vendait du coco, un coco plus frais et plus corsé de goût que celui de ses concurrentes; et, malgré son âge, nullement ployée sous sa fontaine à robinets d'étain, à son bras gauche un panier d'oublies recouvert d'un linge, dès le mois d'avril, on la voyait reparaître à la grille de Sèvres et au Pavillon Bleu, toujours accorte et pourtant effacée, son sourire de miel rance aux lèvres, la peau de son visage un peu moins rose peut-être, mais toujours aussi lisse et les tempes exemptes de pattes d'oie.

Elle avait surtout la clientèle des pioupious et des enfants. Les pauvres soldats d'infanterie, sanglés de noir et pantalonnés de garance faisaient volontiers cercle autour d'elle; elle les rassurait par la simplicité de sa mise, des analogies de costume avec quelque vieille mère laissée, là-bas, au village; et puis, quand on la connaissait bien, la mère Alfred était pleine d'histoires. Il arrivait parfois à ses petits yeux de faïence de pétiller drôlement à l'odeur de toute cette jeunesse; et à la tombée du jour, dans les allées désertes avoisinant l'ancienne Lanterne, elle avait, des soirs, autour d'elle tout un cénacle de tourlourous ébaubis et charmés, l'oreille tendue à ses chansons grivoises, facéties d'il y a vingt ans pleines d'allusions faciles et polissonnes. Elle les détaillait d'une voix aigrelette, les deux pans de sa robe pincés du bout des doigts, comme pour une révérence, avec de singuliers petits yeux d'un bleu flambant d'alcool.

Il y avait dans cette étonnante marchande de coco de la dévote et de l'entremetteuse. Certaines chaisières d'église aux petites mains crochues et molles, aux prunelles coulées sous d'hypocrites paupières, ont de ces câlineries de sourire et de regard. De quel équivoque métier peuvent-elles vivre hors de l'église? Dans quel meublé de faubourg font-elles commerce des objets de piété qu'elles offrent d'une voix susurrante aux gros messieurs assidus aux offices, notables commerçants du quartier, marguilliers de paroisse et anciens magistrats, qu'on est tout surpris de rencontrer avec elles, certains soirs, à la brune, dans les ruelles isolées d'équivoques Grenelles et de Pantins sinistres.

La mère Alfred avait l'allure à la fois pieuse et louche de ces dévotes chauves-souris. Il y avait du vice dans sa servilité benoîte, et de l'eau bénite dans son vice ; une vieille luxure mal éteinte couvait dans ses petits yeux d'un bleu gris, mais son obséquiosité de marchande répugnait plus encore lorsqu'elle s'adressait aux enfants. Elle avait, pour aborder les jeunes mères et les bonnes, des génuflexions à mains jointes, des mines d'admiration apitoyée et des inflexions attendries dont l'évidente fausseté vous levait le cœur ; et puis c'étaient des caresses aux gamines, des regards qu'elle voulait maternels aux petits garçons, des *Mon petit sucre* et des *Mon chou* égouttés d'entre ses vieilles gencives, dont la douceur rancie, sûrie, tournée à l'aigre, inquiétait comme un poison.

J'avais pour ma part l'horreur de cette vieille marchande ; et tout l'or du monde ne m'aurait pas fait goûter à son coco frais et corsé de goût, à son coco pas plus qu'à ses oublies, et cela moins encore à cause d'elle qu'à cause de ses petites mains miraculeusement blanches et conservées, des petites mains douillettes de prélat, que je soupçonnais capables de toutes les complaisances.

Cette vieille m'indignait, m'écœurait et m'emplissait d'effroi ; sa clientèle spéciale de soldats, d'enfants et de jeunes bonnes, était pour moi une énigme horriblement déchiffrable. Cette mère Alfred devait rendre tous les services et parfois en exiger ; elle était trop nette et trop soignée pour avoir renoncé à plaire, et ce n'est pas pour rien qu'elle possédait son répertoire de chansons égrillardes.

Tous ces soupçons me devinrent certitudes, l'après-dîner de juin où, après une absence de trois jours, je vis reparaître la marchande de coco, le visage barré d'un affreux bandeau noir, une compresse en tampon sur l'œil. Autour d'elle un cercle de badauds, moitié pouffant de rire, moitié indignés, bonnes d'enfants, soldats et rôdeurs du parc, tout son public, en somme, se bousculait et lui faisait escorte. Très pâle et soudain apparue vieillie de dix ans, la mère Alfred s'expliquait, contait son aventure : « Un soulaud, un butor du 28° qui lui avait fait ça, il y a quatre jours, vers les neuf heures, dans la petite allée de la manufacture, comme elle rentrait à Sèvres. Il était en retard pour l'appel et gris comme un Polonais, pour sûr; car elle ne lui disait rien, elle rentrait chez elle, voilà tout; mais elle s'était trouvée sur son passage. Alors lui, comme un furieux, l'avait prise à la gorge en la bourrant de coups de poing, et des coups, et des coups, et des sales mots, et des injures! Heureusement que des terrassiers passaient par là. On ne l'aurait pas retirée vivante d'entre ses mains. Elle avait porté plainte au colonel et son assassin avait trente jours de prison, un Breton, — c'était un Breton, — les Bretons, c'est pas des êtres humains comme les autres. Mais elle était restée trois jours au lit, et peut-être qu'elle ne rouvrirait jamais son œil; il allait falloir qu'elle aille à la clinique de monsieur Galezowski. Si c'était pas une abomination, assassiner une pauvre vieille comme elle. Encore s'il avait fait ça à une autre ! mais elle qu'était bonne, une vraie mère pour le soldat ! » — « Ah ! ça oui, pour sûr ! » et tout le cercle de hocher de la tête et de se répandre en condoléances sur le malheur de cette pauvre madame Alfred, les petites bonnes surtout ; car les tourlourous étaient plutôt goguenards, avec des coups de coude dans les côtes des voisins, et des clignements d'yeux de gens au courant des choses.

Le mot de la fin m'était donné par un grand voyou qui avait assisté à tout le récit, les mains philosophiquement enfoncées dans ses poches. Il pivotait lourdement sur ses talons, et avec un haussement d'épaules : « Bah ! elle aura voulu le taper, la vieille chatte, et comme il était un peu brindezingue et pas à la tendresse, il aura cogné dessus, le gas ! » Et comme je m'exclamais, croyant avoir mal compris : « Elle, la mère Alfred ! chaude comme un lapin, monsieur. Avec ça qu'elle s'en prive ! Et de l'*ostination* et de l'audace. Quand quéqu'un lui plaît, il le lui faut, et qu'elle ne se rebute pas ! D'ailleurs, bonne comme le bon pain et faisant plaisir à tous, quoiqu'un peu vioque (en argot *vieille*), tous ceux qui veulent, mais, dame ! pas fraîche, mais marchant pour son compte, pour le plaisir des autres et le sien ; une providence pour les pioupious et pour nous autres, quoi ! Le bon Dieu dans le parc. »

« Le bon Dieu dans le parc » m'enchanta pendant huit jours, mais la marchande de coco garda son bandeau noir pendant un mois, et, quand l'affreuse compresse disparut enfin de son visage, la mère Alfred se révéla masquée, marquée, à jamais défigurée par le coup de poing du soldat. Son œil gauche s'entr'ouvrait à peine comme une fente, une fente jaune de purulence, entre deux paupières rougeâtres. Cet œil maintenant éloignait la clientèle ; et puis l'affaire s'était ébruitée, les complaisances de la mère Alfred avaient transpiré dans le public : les mères et puis les bonnes, par ordre de leurs maîtresses, évitaient maintenant la marchande ; enfin les enfants en avaient peur. La mère Alfred remit son bandeau noir, mais son commerce périclita : ce n'était plus sa fontaine qui avait la vogue. Elle-même avait terriblement changé, terriblement vieilli, et un inquiétant profil d'oiseau de proie avait surgi de cette face autrefois poupine et mielleuse. Ce profil au nez insignifiant s'était soudain recourbé en bec, les narines s'étaient pincées comme celles d'une morte, la bouche était devenue amère, presque ricanante ; et tout ce masque de vieille chouette s'aggravait maintenant de cet éternel bandeau noir.

C'est alors qu'une étrange épidémie, aussi étrange que soudaine, éclatait dans Saint-Cloud. Comme toujours en pareil cas, le mal se déclarait dans les casernes : en huit jours, quinze soldats d'infanterie et deux dragons mouraient emportés dans les dix heures, foudroyés après des souffrances affreuses. C'était une espèce de dyssenterie compliquée de fièvre et de vomissements ; les remèdes habituels demeuraient impuissants ; puis le mal cessa tout à coup, mais pour reparaître parmi les enfants. Huit mioches, dont cinq garçons et trois petites filles, défilèrent en trois jours : les enfants étaient pris de tranchées intolérables en rentrant de la promenade, puis la tête devenait lourde, le petit malade s'endormait pour ne plus s'éveiller, mais cette fois sans vomissements, sans diarrhée. Ce n'étaient plus les mêmes symptômes que l'épidémie des casernes, quand celle-ci reparaissait tout à coup dans trois cas presque simultanés et présentant cette fois de caractéristiques symptômes d'empoisonnement.

Comment tous les soupçons désignèrent-ils d'une seule voix la marchande de coco du parc ? L'enquête à peine ouverte, ce fut elle qu'accusa l'opinion : de menus faits rapprochés, comparés, de racontars et d'indiscrétions, en trois jours une affreuse certitude se trouva édifiée. La mère Alfred fut arrêtée dans son taudis de Sèvres. Elle n'essaya même pas de se disculper. On trouva chez elle toute une collection d'herbes vénéneuses dont, par ces tristes temps d'anarchie, de peur de donner une idée à un fou, je tairai le nom. Chez le juge d'instruction la vieille empoisonneuse ne donna aucun éclaircissement, aucun renseignement. Ricanante et presque joyeuse, un éclair de triomphe dans son œil, l'ignoble borgnesse se contenta de dire : « Des pioupious et des enfants, en v'là un malheur et une engeance ! Des brutes et des soulauds, tous ces soldats qui brutalisent les pauvres vieilles et n'ont point de la reconnaissance ! Quéque j'avais fait à celui qui m'a crevé l'œil ? Et les gosses, parlons-en ! Des futurs pioupious, et déjà méchants, gourmands, voleurs et sans cœur ! Oh ! non, que j'ne regrette point c'que j'ai fait, et qu'vous pouvez la prendre, monsieur le juge, ma sale tête ! »

L'avocat général l'obtint d'ailleurs en cour d'assises, et c'est place de la Roquette que finit celle qu'un client reconnaissant avait un jour appelé : *le bon Dieu dans le parc.*

L'HOMME DES BERGES

Pour Gustave Coquiot.

Lui est en passe de remplacer, en pleine banlieue moderne, l'inquiétante légende du *Moine bourru* : le *Moine bourru*, l'équivoque loup-garou des ruelles en lacet du Paris de Notre-Dame, du poète Gringoire et du roi Louis le Onzième, le spectre encapuchonné de noir, dont la menaçante silhouette s'évoquait brusquement dans les culs-de-sac de l'île de la Cité, à la tombée de la nuit, celui-là même dont l'osseuse main vengeresse poignardait, dans les bouges, les beaux capitaines pâmés sur les seins nus des bohémiennes, et changeait si dextrement les écus en feuilles sèches dans le bahut des maquerelles.

C'est enlinceulé dans une longue blouse

bleue de laitier, une Desfoux enfoncée jusqu'aux oreilles sur les guiches en rouflaquettes, les pieds ballants dans des espadrilles, que surgit, à l'heure trouble des crépuscules, l'anonyme et hideux homme des berges.

Au moment où le soleil mourant traîne ses derniers rayons sur les bois de Saint-Cloud, incendiant à mi-côte, au milieu de ses vignes, les vitres de la gare de Suresnes, du fond des carrières de plâtre où il *pionce* le jour, à pas cauteleux, l'échine courbée comme un fauve, l'homme des berges *s'amène*.

L'air presque d'un flâneur sans la bizarre mobilité de ses yeux, il rôde et muse au bord de l'eau, du Point-du-Jour à Billancourt, de Billancourt à Boulogne, s'attardant aux gymnastiques en plein vent et aux guinguettes. Les mains dans les poches de son *grimpant*, en bonhomme, il descend jusqu'à Neuilly, épiant les ivrognes du lundi étalés au revers des talus et regardant longuement, par-dessus les petits murs des villas, si le chenil est loin du corps de logis principal et si le chien est libre.

C'est encore sa silhouette qui se profile, le soir, presque tragique dans sa blouse-suaire, en face l'île de la Grande-Jatte. C'est lui que, sans l'avoir entendu venir, vous trouvez tout à coup devant vous, marchant à pas feutrés sur le chemin de halage ; lui que vous butez subitement du pied, vautré dans les herbes d'un terrain vague et guettant sous ses paupières baissées de faux dormeur le *jonc* (l'or) de votre chaîne et de votre canne.

D'où vient-il, que fait-il ? Il est anonyme, inconnu, invisible et cependant partout : c'est l'éternel danger des promenades suburbaines ! Laitier, déménageur, garçon-boucher remercié, maraîcher sans ouvrage. Mystère ! Les pierreuses elles-mêmes le redoutent, car il a le surin facile. A Courbevoie, il s'appelle Doré et saigne, entre chien et loup, les vieilles rentières à coups de coquillages. Il se nomme Berlant à Asnières, et partage avec maman, quai de Seine, la pile de vieux sacs qui sert de lit aux amants de l'*ancienne* ; il raccroche même avec elle, et fait la fête avec les michés à dix sous de la maison.

Si la route est déserte, évitez de lui donner du feu, le soir, à l'heure où les ouvriers deviennent rares ; et dans les endroits suspects, à la tombée de la nuit, supprimez toute occasion d'entretien, en éteignant cigarette et cigare.

La vieille dame à pliant et à châle français, qu'on rencontre parfois étendue sur le gazon, à l'angle d'un vieux mur, la tête cachée sous son ombrelle, et qu'on croit endormie à l'abri du soleil, est une des victimes de l'homme des berges. Pour peu qu'on s'approche, la dormeuse a la face tuméfiée et verte, avec des mouches bourdonnant au-dessus, et deux pouces enfoncés et marqués dans le cou ; mais plus de bagues aux doigts, plus de montre au corsage et plus de broche au châle. L'homme des berges a passé par là ; pis, le vieux cadavre porte parfois les traces d'une atroce souillure, et le médecin-légiste est appelé pour un rapport. En ce cas, l'homme des berges a paraphé son œuvre ; c'est sa signature à lui, cette ignominie en plus.

L'été il dévalise les villas fermées d'Auteuil et de Passy, il habite alors Boulogne, et dans Boulogne le quartier des Menus. A la fête de Neuilly il rôde autour des baraques de lutte, où affluent, imprudemment diamantées, les belles demi-mondaines ; si les solitaires passent à portée de sa main, gare, mesdames, à vos mignonnes oreilles, il arrachera très bien le lobe rose et la chair saignante avec le joyau de prix.

C'est un fauve ! Il s'excite au meurtre sur la nudité grelottante et gracile des petits gamins qui se baignent; satanique et goguenard, il intervient dans leurs ébats et leurs jeux de gosses peureux de l'eau froide ; et si un petit, plus frileux que ses camarades, hésite à entrer dans le fleuve, l'homme des berges l'empoigne lui, par la peau du cou, comme un petit chat malade, et avec un gros rire le flanque en pleine Seine... Et le gosse noyé, quand les passants accourent ameutés par les cris, il a disparu, l'homme des berges.

Sa blouse est déjà loin, il a rejoint une tapissière de blanchisseur qui passait, et fouette ton cheval, mon poteau ! Un môme de moins, la belle affaire. On en fera un de plus, un de ces soirs, à la Marie ou à la Paula.

MASQUES DE PROVINCE.

Masques falots, mélancoliques et comme embaumés de regrets, dans leur horreur atténuée de spectres de petite ville, plutôt des revenants que des masques, et moins des spectres que des fantômes !

La province les a conservés dans son silence et sa poussière veloutée et quiète, ils ont le charme triste des vieilles choses oubliées et la douceur moelleuse de ces papillons d'anciennes collections par hasard retrouvées dans une chambre d'aïeul où l'on n'allait plus. Ce sont les élégies de l'épouvante, les perles sans orient et les larmes séchées des arrière-grand'mères hoffmannesques, le fantastique effarant du passé.

M. D'AJURINCOURT

Il y a une quarantaine d'années encore, dans les vieilles petites villes de bourgeoisie et de magistrature, on pouvait rencontrer chez certaines vieilles familles des petites personnes proprettes et discrètes, moins traitées en mercenaires qu'en amies, lesquelles d'ailleurs n'habitaient pas sous le toit, mais y passaient au moins trois ou quatre jours la semaine, reléguées dans la haute lingerie familiale et minutieusement occupées, les chères créatures, aux ouvrages de couture et de raccommodage de la maison.

Ces *grimbelles à l'aiguille*, ces *cousettes*, comme les persifla d'une impertinence ce dix-huitième siècle dont elles semblaient faire partie, ont été la joie de toute enfance provinciale, aujourd'hui mûre pour la quarantaine.

C'étaient des vieilles filles un peu dévotes, un peu tatillonnes, un peu médisantes, mais dont nos parents n'auraient pas souffert qu'on se moquât à l'office ; on leur confiait les enfants pour les mener chez les grands-parents, et dans la grande salle encombrée d'armoires elles savaient, ces vieilles sucrées, grouper les têtes les plus à l'évent autour de captivantes histoires.

Avec cela, des manies *en veux-tu en voilà*, la messe de six heures du matin qu'on n'eût pas manquée pour rien au monde, le pot à feu avec ses braises assoupies sous leur cendre qu'elles transportaient par tous les temps, pluie, neige et bourrasque, en l'abritant sous un coin de mante, la plus formelle obstination à ne pas prendre place à une table où il y aurait eu un couvert en croix, des dévotions bizarres et des petits saints de faïence qu'elles tenaient toujours enfouis sous leurs jupes, au fond de quelque immense poche, une façon impayable de se signer devant tout juron, et des chinoiseries, et des simagrées et des révérences !

J'ai connu une de ces pauvres et touchantes filles. Elle s'appelait Nanon, et venait en journée chez ma grand'mère où elle était chargée de tous les travaux de raccommodage de la maison ; elle avait été jolie autrefois et avait eu un galant pour le bon motif, mais Nanon n'avait jamais voulu quitter ses vieux parents infirmes ; un beau matin, l'amoureux s'était lassé d'attendre, et Nanon vieillissait maintenant seule dans son petit logis d'ouvrière, avec le souvenir de ses vieux, morts un peu tard, et peut-être le regret de l'amoureux parti. On aimait beaucoup Nanon chez nous ; c'était une vieille fille à manies, mais droite, honnête, et qui n'eût jamais menti ; mais je sens qu'une mélancolie me gagne et m'envahit à vouloir évoquer cette falote et frêle petite silhouette : toute la cendre du passé vient velouter d'une neige précoce ces contes que je voulais joyeux et j'ai glissé malgré moi dans l'indicible attrait exhalé par cette petite ville d'automne, petite ville fortifiée, bien d'estampe de l'autre siècle, celle-là, avec son beffroi, ses quinconces et les hautes maisons à pignons sculptés de son marché.

Et, sous les pas menus et discrets de la pauvre petite ombre effacée, j'ai peur de voir surgir d'autres ombres qui me sont chères, celles-là, et c'est à travers les rues désertes, aux pavés encadrés d'herbes, de ma ville natale, comme une morne randonnée de spectres.

Brrr! brrr! brrr!... Mais enfin, comme disait Nanon elle-même, une pincée de tabac et une demi-tasse de café, avec cela on fait la nargue au diable. Voici donc le premier conte de Nanon; tel elle le disait dans son langage un peu particulier, quand, mes cousines et moi, nous nous tenions groupés à ses genoux dans la lingerie de ma grand'mère.

— « Or çà! mesdemoiselles caquet bon bec, et vous, monsieur le gros dormeur éveillé, sachez que c'était un riche et puissant seigneur marquis et grand cordon que M. du Tillet d'Ajurincourt. Il avait vécu longtemps à Paris et aussi à Versailles où il avait fait des choses pas belles, disait-on, car cela se passait sous Louis XV, avant cette gueuse de Révolution. Il avait fréquenté là-bas des gens de toutes sortes, des banquiers et des alchimistes, enfin un tas d'espèces bien mieux en cour avec l'enfer qu'avec l'Église ; il avait, disait-on, assisté au *grand œuvre.* Ce que c'était, les gens du pays auraient été bien en peine de le dire, mais c'était... (et Nanon, à cet endroit, se signait toujours) c'était la dernière abomination.

Aussi, lorsqu'il revint dans le pays, sur ses boulets et à quia, nul ne se souciait dans la noblesse de voir un homme aussi compromis ; on le disait plus mort que vif ; mais le petit vidame de Gondrecourt un matin, n'y put tenir. Il avait connu, étant enfant, le vieux marquis chez son père ; le voilà donc parti, démangé de curiosité, pour le domaine du Tillet.

C'était la mi-automne, les platanes déjà jaunes et les fausses pièces de vingt francs sur les pelouses. Il arrive à l'entrée du parc, fait demander la grille et, sautant tout frisque de sa berline, s'arrête bée, ébaubi et tout éplafourdi d'apprendre que M. le marquis, qu'il croyait au lit et crachant à Dieu son âme, était en train de faire un tour de parc. Il se précipite et, au fond de la plus royale avenue, qu'est-ce qu'il vous aperçoit? Droit comme un jonc, la mine haute, la canne à pomme d'or à la main, le vieux marquis d'Ajurincourt en personne.

Lequel, vert comme un jeune homme, du plus loin qu'il le voit, l'interpelle, et d'un ton de fausset, le poing fièrement campé sur la hanche : « Eh bien ! vidame, vous venez voir si je ne suis pas mort ? On clabaude fort sur mon agonie en ville. Vous voyez que je me porte assez bien; eh! eh! je fais mon tour de parc et l'air fraîchet ne me fait pas peur ! » Et, d'une voix singulièrement aigre : « Et pas de prêtraille, pas de médecin chez moi. Qu'ai-je besoin de cette engeance? Je les porte assez bien, avouez-le, mes soixante-douze ans, jeune homme ! » Et frappant d'un coup de canne autoritaire le sol encombré de feuilles mortes : « Je viens faire ici mon tour de parc tous les soirs; les couchers de soleil y sont splendides, avouez-le. J'y suis ce soir et j'y viendrai bien d'autres soirs encore, et les fesse-mathieu que ça gêne, je ne le leur envoie pas dire, eh ! eh ! eh ! »

Le vidame de Gondrecourt a raconté depuis qu'il avait eu alors une étrange impression de malaise. Le marquis lui avait paru tout à coup si singulièrement maigri dans cette allée crépusculaire d'automne, qu'un petit froid de cimetière lui était tombé sur les épaules. Cette haute et sarcastique silhouette, se profilant en noir sur la pourpre du ciel, lui avait rappelé alors à crier, avec son sourire même et ses yeux enfoncés et luisants, celle d'un certain Monsieur de Voltaire, un païen dans le genre de M. le marquis, et qui ne valait pas mieux.

Il prit congé assez précipitamment, sans que ce grand sacripant de marquis se dérangeât pour le reconduire, vite, vite rejoignit sa berline et, hop ! fouette cocher ! un bon pourboire au postillon ! regagna, ventre à terre, les remparts de la ville, où la première nouvelle qu'il apprit en arrivant aux portes fut que le marquis était mort depuis la veille.

Et le vidame venait de le voir, de lui parler ; et ce château visité par la mort, ce château de rêve et de fantasmagorie où d'irréels valets, des ombres l'avaient reçu !...

« Je viens faire ici mon tour de parc tous les soirs, les couchers de soleil y sont superbes, avouez-le. J'y suis ce soir et j'y reviendrai bien d'autres soirs encore. »

Le vidame en eut une fièvre quarte qui lui fit prendre incontinent le lit, et, ajoutait cette bonne vieille Nanon avec des mines épeurées et contrites, « le pire, c'est que ce mauvais homme de marquis a tenu parole ; il s'y promène toujours en grand habit de cour, la canne à pomme d'or à la main, dans sa grande allée de platanes. Il y a vingt ans on l'y rencontrait encore ». Et Nanon citait des noms de gens qu'elle avait connus, ce qui prouve, concluait-elle en manière de morale évangélique, que le diable ne meurt jamais et que le mal existe toujours.

Nous ne comprenions pas bien, je l'avoue, comment le marquis, qui était mort, se promenait dans son parc, y causait avec le vidame et même cent ans après y revenait encore. Mais nous étions délicieusement émus et nous frissonnions de toutes nos petites âmes palpitantes aux intonations mystérieuses et aux interruptions effarées de Nanon. C'était une conteuse merveilleuse, puisqu'elle passionnait son auditoire ; elle croyait à ce qu'elle racontait, tout est là, et quand elle avait fini de nous bredouiller ses lubies, nous lui disions : « Nanon, encore, encore ! »

Il ne faut pas demander plus à un conte.

I

MADAME GORGIBUS

Parmi les contes que Nanon montait nous débiter pour bercer notre fièvre, il s'en trouvait parfois d'assez extraordinaires et plutôt faits pour surexciter un esprit malade que pour apaiser un enfant nerveux ; mais Nanon n'y entendait pas malice ; elle racontait son histoire telle qu'elle la savait, tout à trac, au hasard de son répertoire, et on eût bien contristé la pauvre fille si on lui avait dit qu'elle avait augmenté la fièvre de l'un de nous.

Parmi ces bizarres racontars, il y en avait deux surtout qui me donnaient la chair de poule et me faisaient aussitôt enfoncer dans mon lit, le drap ramené sur mes épaules, avec des frissons délicieux ; c'était l'histoire de Mme Gorgibus et l'aventure de la bonne Gudule.

Je transcris :

M^mo Gorgibus était d'allures un peu mystérieuses. C'était une petite vieille casanière et maniérée et toujours attifée de mantes à capuches, d'étoffes à ramages et de capelines extravagantes à la mode du siècle dernier et qui lui donnaient l'air d'un carême-prenant; elle faisait la joie des gamins du quartier et les délices des petits commerçants de la ville, qu'ébaubissaient ses façons de la vieille cour. Elle vivait seule dans une ruelle voisine des remparts, en un logis assez poudreux, car elle n'avait point de servante, et, tôt levée comme les personnes de son âge, elle musait et voltigeait entre ses quatre murs, effleurant du plumeau quelques rares bibelots encrassés de poussière et guerroyant peu avec celle des meubles; vers dix heures, elle s'aventurait pour aller aux provisions; c'était, à vrai dire, plutôt un prétexte à révérences et à courtoisies avec les étalières du marché, car elle se nourrissait de rien ou presque, du laitage pour ses chats, et, pour elle, un fruit, quelque légume, et, chez le boulanger, une moitié d'échaudé, comme pour un oiseau.

A midi sonnant elle réintégrait le logis pour en sortir à une heure, toujours en tenue du matin, et promener sur les remparts ses trois chats blancs, trois amours de minets enrubannés de nœuds de satin à grosses coques et l'air, dans leur attifage grotesque, de trois petites Madame Gorgibus : elle veillait minutieusement à ce que Frimousse, Triste-à-Patte et Blanchette fissent dehors leurs besoins et, cet événement accompli, la famille rentrait à la maison où Mme Gorgibus procédait alors à des bichonnages savants.

Cela prenait bien quelques heures, mais par les beaux soleils de fin mai et de juin, pompeusement vêtue de vieilles nippes et de lumineuses loques, Mme Gorgibus, rengorgée dans des mantes de nuances attendries, s'acheminait à petits pas vers les quinconces, la promenade à la mode où toute la ville se rencontre sous les plus beaux tilleuls du monde aux bords des eaux calmes et bleues de l'Adour.

Elle n'y faisait plus sensation, la vieille

masque, à peine peur aux enfants biens élevés : on l'avait tant vue et revue ! Mais elle y rencontrait une autre vieille originale qui avait eu des revers de fortune, elle aussi, et vivait à l'extrémité opposée de la ville, dans le quartier des Capucins.

C'était une dame de la noblesse, mais elle ne recevait plus personne, ne rendait visite à qui que ce fût, vivait tout à fait retirée du monde ; d'ailleurs elle demeurait trop loin, ses vieilles jambes l'auraient trahie ; et puis, un peu hautaine, elle n'avait cure d'initier à sa misère, même sa bonne Gorgibus qui, curieuse, avait fait longtemps le siège du logis.

Elles se rencontraient sous les tilleuls de la promenade et passaient ensemble de longues heures avec, autour d'elles, la société de la ville, dont Mme de la Livadière connaissait par le menu toutes les histoires, depuis au moins cent ans, et cela devant ce merveilleux paysage des rives de l'Adour. Que leur fallait-il de plus, à ces deux vieilles chéries ? Elles se voyaient encore le dimanche à la messe, aux vêpres et au salut de leur bonne cathédrale, et, les mois d'hiver, quand le froid piquant ne permet plus les longues séances au bord de l'eau, sur les bancs des promenades, elles avaient trouvé le moyen de se rencontrer encore.

C'était chez une chocolatière de la rue des Bûchettes, à l'ombre même de la cathédrale : une petite boutique toute en boiseries blanches et en hautes glaces striées de chiures de mouches, une chocolaterie du siècle dernier, démodée comme ses deux clientes, et qu'en dehors des enfants pressés d'acheter un sou de chocolat après la messe, personne ne fréquentait plus. Les tablettes enveloppées de papier d'étain y blanchissaient tristement au fond de vitrines à ornements sculptés, à côté de papillotes, de surprises et de sucres de pomme, dont les images coloriées s'effaçaient de plus en plus.

De quoi vivait la vieille dame qui présidait à ce comptoir ? La province a de ces mystères. C'était une petite vieille à robe de soie noire élimée, bien propre avec une éternelle fanchon de dentelle sur sa coiffure en boucles, des boucles argentées mêlées de fils jaunissants et qui, l'étrange créature, trouvait le moyen, les belles journées de gelée, de servir à Mmes Gorgibus et de la Livadière, pour la somme de trente centimes la tasse, un chocolat, ma foi, parfumé, vanillé et fumant. Ces dames, avec mille simagrées, le buvaient à petites gorgées, complimentaient la boutiquière, se faisaient leurs confidences, et puis, après quelques *bonne ma chère, mon cœur d'oiseau* et *tendre pigeon*, payaient strictement, chacune, leurs six sous et se retiraient avec une révérence, que c'en était délicieux et touchant.

Là, après quelques salamalecs, il fallait bien se séparer : la nuit tombe vite en hiver. On se donnait rendez-vous pour la première belle journée, et Mme de la Livadière, appuyée sur sa canne à béquille d'ivoire, de regagner lentement son logis de la haute ville, et Mme Gorgibus sa ruelle des remparts, dans le quartier des Catalans.

Et c'était fini pour la journée. Une fois rentrée, Mme Gorgibus ne sortait plus : c'étaient les apprêts du souper, sa sieste de cinq à huit, avant le potage à petites cuillerées, puis la lecture dans un vieil almanach, la soirée, le coucher, la nuit.

Comment une existence aussi inoffensive put-elle attirer les haines de tout un quartier? Ses capotes extravagantes, ses modes de l'autre temps et ses somptueuses loques la firent d'abord traiter de vieille folle; de vieille folle, on glissa vite à vieille fée. Appuyées sur leurs balais, les commères de la ville ne se gênaient pas d'un seuil à l'autre pour rire et se signaler le passage de ce vieux masque en catogan. Et puis Mme Gorgibus était fière, un peu repliée sur elle-même et, en dehors des fournisseurs, n'adressait la parole à personne; pis, elle n'ouvrait sa porte à qui que ce fût. Que pouvait-elle bien fabriquer dans ce logis mystérieux avec ses trois chats? Ces trois chats enrubannés comme des mariées aggravèrent la situation : cela n'était pas naturel. Que faisaient-ils toujours en permanence, assis devant cette chaudière, et quelle cuisine du diable y surveillaient-ils donc?

On prononça le mot de sorcière, mais le corbeau apprivoisé perdit tout.

Ce vieux corbeau éternellement en sentinelle dans l'angle de la fenêtre acheva de surexciter les esprits. Il était de mine rébarbative, menaçante même, avec son gros bec, son œil rond à moitié endormi ; mais on sentait en lui une âme vigilante, et son aspect terrifiait les passants ; jamais bon chrétien n'avait vécu dans l'intimité de pareille bestiole ; il devait servir à quelque maléfice et avait sûrement fréquenté le sabbat ; une trame d'affreux soupçons se resserrait de jour en jour autour de Mme Gorgibus.

Elle était loin de s'en douter, la pauvre vieille à cervelle de poupée, et continuait son humble et machinale existence au milieu de l'hostilité de tous. Vieille, pauvre, isolée, sans défense et sans grande idée, elle devait être tôt ou tard victime d'un vilain tour ; quelques gamins toujours prêts à mal faire s'y crurent un jour autorisés. Epiée, espionnée comme elle l'était, ils eurent vite fait de profiter de son absence et d'ouvrir sa porte fermée au loquet, car la pauvre était sans défiance.

A peine dans la place, ils s'emparaient des

trois minets qui, tout engourdis de paresse, ne résistèrent même pas ; leur nouer solidement la queue avec des ficelles autour de l'anse du pot-au-feu, fut pour eux l'affaire d'une minute ; les trois bêtes stupéfiées ne bougèrent d'abord pas, mais dès que la flamme du foyer leur caressa trop les côtes, ce furent des soubresauts de damnés, et jurant, miaulant, crissant à travers la chambre, les trois bêtes, en une prestigieuse gambade, entraînèrent au beau milieu du logis la marmite qui s'y renversa ; le lait se répandit qui les ébouillanta, ici redoublement de cris et de miaulements, de plaintes et de râles dont les garnements ne se tenaient pas de joie ; maintenant les chats enragés se dévoraient entre eux.

Cependant les deux plus âgés de la bande n'avaient pas perdu leur temps ; ils avaient jeté une couverture sur le corbeau qui asséna quelques bons coups de bec et, lui, se défendit ; mais ils eurent tôt fait de lui envelopper la tête, de le maintenir entre leurs jambes et en un tour de main, clic, clac, ils plumèrent tout vif le malheureux oiseau palpitant.

En un clin d'œil, maître corbeau fut nu comme un ver, très indécent et très fantastique avec ses longues cuisses grenues, son estomac en forme de proue et la peau grise et granulée de son pauvre corps tout grelottant : une bête de sabbat, un gnome, un vampire.

Figé par la douleur, il s'était réfugié dans un coin où il ne bougeait plus, claquant seulement du bec, stupide ; et nos gamins prirent la fuite.

Là-dessus, Mme Gorgibus s'amène en trottinant, en mantelet de soie ventre de puce, introduit sa clef dans sa serrure et pénètre dans son logement. Quel sabbat ! quel désastre ! Assourdie de râles et de rugissements, elle trébuche sur une marmite où s'enlacent, s'étreignent et se dévorent trois bêtes de l'apocalypse aux poils hérissés et gluants : l'une lui griffe la main d'une longue estafilade, l'autre lui mord le mollet à pleines dents, et tandis qu'éperdue elle appelle au secours sans pouvoir trouver un cri dans sa gorge, un oiseau de cauchemar, un animal fantôme, livide, obscène, avec deux ailerons de chair grise, se précipite sur elle, le bec largement ouvert, et tente de lui grimper à la taille en sautelant. Mme Gorgibus put heureusement retrouver sa porte ; elle s'enfuit en criant à travers la nuit, mais son peu de raison sombra dans l'aventure. Mme Gorgibus devint folle, elle finit ses jours aux Petites-Maisons.

II

HISTOIRE DE LA BONNE GUDULE

Mᵐᵉ de Lautréamont habitait la plus belle maison de la ville : c'était l'ancien hôtel de la Recette générale, bâti sous Louis XV (excusez du peu !) et dont les hautes fenêtres, ornementées d'attributs et de coquilles, faisaient l'admiration de quiconque passait sur la grande place les jours de marché. C'était un grand corps de logis, flanqué de deux ailes en retour réunies par une large grille : la cour d'honneur avec, derrière le bâtiment principal, le plus beau jardin du monde. Il descendait de terrasse en terrasse, jusqu'aux bords des remparts, dominait trente lieues de campagne et, de la plus belle ordonnance Louis XV, abritait dans ses bosquets des statues licencieuses, toutes plus ou moins lutinées par les Ris et l'Amour.

Quant aux appartements, ils étaient lambrissés de panneaux sculptés du plus charmant effet, ornementés de trumeaux et de glaces, et les parquets de tout le rez-de-chaussée, curieusement incrustés de bois des Iles, luisaient comme des miroirs. Mme de Lautréamont n'habitait que le corps principal, elle avait loué les pavillons des ailes à de solides locataires et s'en faisait de bonnes rentes ; il n'était personne qui n'enviât d'habiter l'hôtel de Lautréamont, et c'était le sempiternel sujet des conversations de la ville.

Cette Mme de Lautréamont ! Elle était née les mains pleines et avait toujours eu toutes les chances : un mari bâti comme Hercule tout à ses volontés, et qui la laissait s'habiller à Paris, chez le grand faiseur ; deux enfants qu'elle avait bien établis, la fille mariée à un procureur du roi, et le fils déjà capitaine d'artillerie ou en passe de l'être ; le plus beau logis du département, une santé qui la faisait encore fraîche et, ma foi, désirable à plus de quarante-cinq ans et, pour entretenir cette demeure princière et cette santé presque indécente, une domestique comme on n'en fait plus, le phénix, la perle rare des servantes, tous les dévouements, toutes les attentions, toutes les honnêtetés incarnés dans la bonne Gudule.

Grâce à cette fille merveilleuse, Mme de Lautréamont arrivait avec trois domestiques, un jardinier, un valet de chambre et une cuisinière, à entretenir son immense maison sur un pied de soixante mille livres de rentes. C'était, sans contredit, la demeure la mieux tenue de la ville : pas un grain de poussière sur le marbre des consoles, des parquets dangereux à force d'être cirés, de vieilles glaces devenues plus claires que l'eau des fontaines et partout, dans tous les appartements, un ordre, une symétrie qui faisaient citer l'ancien hôtel de la Recette comme la première maison de province, avec cette phrase désormais consacrée pour désigner un logis très soigné : « C'est à se croire chez les Lautréamont. »

L'âme de cette demeure étonnante se trouvait être une bonne vieille fille aux joues encore fraîches, aux petits yeux naïfs et bleuâtres, et qui du matin au soir, le plumeau ou le balai à la main, sérieuse, silencieuse, active, n'arrêtait pas de frotter, de brosser, d'épousseter, de faire briller et reluire, ennemie déclarée de tout atome de poussière. Les autres domestiques la redoutaient un peu : c'était une terrible surveillance que celle de la bonne Gudule. Dévouée tout entière aux intérêts des maîtres, rien n'échappait à son petit œil bleu ; toujours au logis avec cela, car la vieille fille ne sortait que pour assister aux offices des jours de fête et des dimanches, assez peu dévote, ma foi, et nullement assidue à la messe de six heures, ce prétexte de sortie journalière de toutes les vieilles servantes.

Dans la ville, on ne tarissait pas d'éloges sur ce modèle des femmes de charge et on enviait fort sa domestique à Mme de Lautréamont. Quelques âmes peu délicates ne se firent même pas scrupule d'essayer de la lui souffler. On offrit des ponts d'or à Gudule, car la vanité s'en mêla et, dans la société, des paris s'étaient même ouverts pour enlever la pauvre 1le à sa maîtresse ; mais ce fut peine perdue.

Gudule, d'une fidélité d'un autre âge, fit la sourde oreille à toute proposition, et le bonheur insolent de Mme de Lautréamont continua jusqu'au jour où la vieille servante usée, exténuée de travail, s'éteignit comme une lampe sans huile, dans sa froide petite mansarde, sous les combles, où Mme de Lautréamont, il faut le dire à sa louange, demeura installée trois jours.

La bonne Gudule eut cette joie de mourir avec sa chère maîtresse à son chevet. Les Lautréamont firent à leur servante un convoi convenable. M. de Lautréamont conduisit le deuil. Gudule eut sa concession au cimetière, des fleurs fraîches sur sa tombe pendant au moins huit jours, puis il fallut bien la remplacer.

La remplacer, non, car c'était là chose impossible, mais du moins introduire à l'hôtel une femme qui tînt son emploi. Des femmes de charge, cela se trouve et, après quelques essais malheureux, Mme de Lautréamont crut pouvoir enfin se féliciter d'avoir mis la main sur une fille de confiance et de haute probité; Mlle Agathe régna désormais à l'ancien hôtel de la Recette. C'était une personne un peu forte, le corsage en bastion, qui, affairée, gesticulante, s'effarait dans tous les coins, un trousseau de clefs à la ceinture, un tablier de soie changeante à la taille, avec des airs de Mlle Rodomont. Son service n'était pas précisément silencieux, ce n'étaient du matin au soir que criailleries après les autres domestiques; et la vieille demeure, si calme et si muette du temps de Gudule, en était comme assourdie. Mais Mlle Agathe savait se faire valoir, tout est là; ce n'étaient que rapports quotidiens sur l'antichambre et sur l'office, débats intéressés avec la cuisinière : et Mme de Lautréamont finissait par se laisser prendre à toutes ces manifestations d'un bruyant dévouement.

Ah! ce n'était plus le service de Gudule, ce service invisible et silencieux qu'on eût dit exécuté par une ombre, ces attentions délicates et comme effarouchées d'un dévouement qui se cachait, cette vigilance de toutes les secondes, et ces minuties de vieille fille en adoration du logis de ses maîtres, ce culte de dévote pour sa paroisse, et toute cette ferveur domestique, qui mettait naguère chez les Lautréamont comme un parfum d'autel.

Il y avait maintenant des grains de poussière sur le marbre des consoles; les vieilles glaces des salons ne jouaient plus l'eau transparente des fontaines, pas plus que les parquets n'eussent joué les miroirs ; mais l'habitude est une telle force et Gudule avait créé une telle légende, qu'on citait toujours le vieil hôtel de la Recette générale avec les réflexions en cours sur la maison la mieux tenue du département.

Or, à quelque six mois de là (on était à la mi-novembre et Gudule s'était éteinte en mars), une nuit, Mme de Lautréamont éveillait brusquement M. de Lautréamont et d'une voix un peu changée, sans même allumer la bougie : « Hector, lui disait-elle, c'est singulier ! Ecoutez donc ! on dirait le coup de balai de Gudule. » M. de Lautréamont, de fort méchante humeur, en homme à moitié endormi, lui ronchonnait qu'elle était folle; mais une grande émotion étreignait Mme de Lautréamont et la secouait d'un tel tremblement, que ce modèle des maris consentait à s'éveiller et à prêter l'oreille aux divagations de sa femme. « Je vous assure que quelqu'un est là, reprenait celle-ci, là, sur le palier du premier, à la porte de notre chambre. J'entends les pas, mais pourquoi ce bruit de balai ? Tenez, on s'éloigne maintenant, on balaye au fond du vestibule et je vous assure que c'est sa façon de balayer. Vous pensez si je la connais. » Mme de Lautréamont n'osait même plus prononcer le nom de la vieille servante, et M. de Lautréamont la comprenant : « En vérité, cette fille vous trotte par la tête ! Vous rêvez tout éveillée, chère amie, je vous assure qu'il n'y a rien ; l'air est si calme que l'on n'entend même pas remuer une feuille. C'est votre dîner qui ne passe pas. Voulez-vous que je vous fasse une tasse de thé ? » Mais, comme mue par un ressort, Mme de Lautréamont, toute frissonnante, s'était jetée à bas du lit et, courant pieds nus par la chambre, allait entrebâiller la porte. Elle la refermait avec un cri affreux. D'un bond, M. de Lautréamont était auprès d'elle, ne comprenant rien à ce coup de folie, la ramenait presque inanimée dans une grande bergère où elle se laissait tomber et suffoquait quelque temps sans pouvoir parler ; elle retrouvait enfin sa voix, et, dans la chambre maintenant éclairée : « C'est elle ! je l'ai vue comme je vous vois ; elle était là, balayant et frottant le parquet de ce vestibule, dans la robe de bure que vous lui avez connue, en bonnet comme de son vivant, mais si pâle, si blême ! Ah ! quelle figure de cimetière ! Il faudra lui faire dire des messes, mon ami. »

M. de Lautréamont calmait sa femme comme il pouvait et n'en demeurait pas moins inquiet et pensif : on a vu des choses encore plus mystérieuses.

La nuit suivante, l'hallucination de Mme de Lautréamont la reprenait. Frissonnante, les dents serrées de terreur, elle entendait cette fois la servante trépassée cirer, frotter le grand palier désert en se démenant sur ses pieds chaussés de brosses. La peur serait-elle contagieuse ? Dans le silence de la grande maison endormie, M. de Lautréamont entendait le bruit cette fois et, malgré sa femme cramponnée d'épouvante à son bras, il allait crânement ouvrir la porte et regardait.

Tout son poil se hérissait sur sa chair moite : la silhouette démantibulée de la servante défunte s'agitait et se trémoussait, marionnette funèbre, au milieu du vestibule désert ; la fenêtre qui éclairait l'escalier la baignait d'une lueur de lune et, dans le rayon lumineux et bleu, la morte passait et repassait, brossant, frottant, en proie à une agitation fébrile ; on eût dit l'œuvre d'une damnée, et M. de Lautréamont, comme elle passait devant lui, vit distinctement des gouttes de sueur sur son crâne déjà poli. Il refermait brusquement la porte, terrifié et convaincu. « Tu as raison, faisait-il simplement en revenant auprès de sa femme : il faudra faire dire quelques messes pour cette fille. »

Dix messes furent dites pour la défunte, dix messes basses auxquelles assistèrent

M. et Mme de Lautréamont et toute leur maison, et la bonne Gudule ne revint plus faire l'ouvrage de Mlle Agathe par les claires nuits de novembre.

III

LA REINE MARITORNE

Et quand j'aurai raconté l'apparition de cette reine Maritorne qui pesa sur toute mon enfance, à la façon d'un obscur cauchemar, j'aurai clos la série de mes contes d'enfance, terminé la suite de ces histoires falotes, au parfum suranné et vieillot, dont Nanon enchanta mes premières années et qui, à l'heure qu'il est, évoquent encore à mes yeux tout un coin de province aujourd'hui disparu, de société tout à fait oubliée, et cela avec le charme indéfinissable qu'exhalent, à la fin d'octobre, certaines charmilles et allées de tilleuls : odeur fade et piquante de terreau de cimetière, parfums d'éther et de feuilles mortes.

La reine Maritorne était l'effroi des enfants gourmands et voleurs : elle régnait du grenier, où mûrissent, alignées en belle ordonnance, les poires et les pommes, jusqu'à la cave où se tire le vin; elle était aussi le châtiment des ivrognes et surgissait à l'improviste de la barrique frauduleusement mise en perce par le valet indélicat. Nul ne l'avait jamais vue, mais on la savait présente et veillant partout; elle était dans le pot de confiture, caressé par l'œil des enfants sournois, comme dans la pénombre des armoires de l'office; la commode ventrue, où les aïeules serraient leurs boîtes de massepains et leurs bonbonnières remplies de berlingots à la bergamotte, était également défendue par elle, et qui se fût risqué à ouvrir le meuble aux friandises eût très bien pu trouver la reine Maritorne couchée tout au long d'un tiroir.

Elle avait tous les droits sur l'enfant glouton, qui s'était rendu malade à table, et portait dans les plis de sa robe de terrifiantes indigestions; elle distribuait, comme manne, fièvres et coliques aux coupables; et tout estomac en révolte était sien. Elle résidait aussi dans les cuisines, embusquée derrière les bassines à confitures et les énormes casseroles de cuivre où mijotent en automne les civets de venaison : elle hantait aussi les celliers obscurs, les fruitiers embaumés d'une odeur de nèfles et l'ombre obstruée de gros tas de légumes des arrière-cuisines.

Telle qu'elle était, indistincte et vague dans l'imagination de chacun, sa silhouette obèse et pansue pesait comme un malaise sur la conscience et l'estomac des servantes infidèles et des enfants fripons.

Aussi grande fut la terreur du petit Wilhelm quand, emporté de table pour s'être gavé, comme un goinfre, de tarte aux prunes et de chou à la crème, il se vit couché dans son lit, dans sa chambre obscure et solitaire, avec un commencement de mal au ventre, seul dans la grande chambre où il dormait avec sa bonne, tout seul au troisième de cette vaste maison à quatre étages, tandis que tout le monde était encore en bas à dîner.

Sa bonne, pressée de rejoindre les autres domestiques, l'avait laissé sans lumière, et par la haute fenêtre, dont elle avait négligé de fermer les rideaux, le clair de lune entrait, déployant par terre un immense drap blanc et congelant dans de bizarres attitudes le contour indécis des objets.

Et tout à coup, par la chambre hantée, des profils inconnus grimacèrent : ce fut d'abord, sous le verre de son cadre, le pastel effacé du grand-père. Haut cravaté de mousseline, l'habit ventre de biche ouvert sur la chemise à jabot, il portait, droit comme un ostensoir, un austère et glabre visage d'ancien magistrat. Ses sourcils tout à coup se froncèrent et un éclair de légitime ind nation alluma ses prunelles; la colique en tordit plus fort l'infortuné petit Wilhelm qui, terrifié, détourna vivement ses yeux. Ils tombèrent, ses yeux, sur un fauteuil où s'affalait dans l'ombre un tas de vêtements équivoques; lentement les jambes flasques du pantalon s'animèrent, deux pieds imprévus en sortirent, et, tandis que le buste se redressait dans un soudain envolement de la veste, deux petits bras nerveux se serraient contre une maigre poitrine, et une tête de sinistre petit vieux ricana dans le silence.

Quel rictus ! Les trente-deux touches du clavecin en apparurent toutes blanches dans la face en casse-noisette du bizarre petit être.

Mais ce ne fut qu'une apparition. La chambre était retombée dans l'ombre et quand Wilhelm, qui s'était caché la tête sous ses draps, hasarda un œil effrayé hors de la couverture, il ne vit plus rien d'anormal; tout avait repris sa place accoutumée, les objets noyés de clair-obscur s'étaient comme effacés dans la nuit, et à peine lui restait-il une inquiétude au sujet de son pot à eau posé sur la commode et bizarrement accroupi au milieu de la cuvette, comme un énorme crapaud blanc.

Et le petit Wilhelm commença à respirer, mais sa quiétude ne fut pas longue. Un bruit inusité lui faisait vite dresser l'oreille. On montait l'escalier maintenant, et c'étaient des pas, des pas et encore des pas, comme le piétinement d'une armée en marche. Une foule se pressait sur les degrés, il l'entendait se bousculer sur le palier du second, puis s'engager dans l'escalier du troisième. On venait sûrement à sa chambre.

Et dans un grand flot de lumière sa porte s'ouvrit brutalement. Il ne put même pousser un cri. Toute la batterie de cuisine était là trébuchant sur le seuil; c'étaient d'étincelantes casseroles de cuivre remplies jusqu'aux bords de riz et de panade, d'immenses bassines à confitures se dandinant lourdement sur trois pieds inattendus, et des moules à biscuits de Savoie, et des coquemards à mines maléfiques et mal intentionnées, et des théières à reflets de métal, et des cafetières avec de longs becs insidieux, l'air hostile. Tout cela grouillait, se heurtait et pénétrait en silence au milieu de la chambre; c'était comme un rampement d'objets fantômes sur le plancher; ils entouraient son lit et, comme une marée muette, montaient lentement, quitte à tomber et à remonter encore le long de ses couvertures.

Trempé de sueur, les yeux agrandis d'épouvante, l'enfant n'avait pas un mot : c'était une invasion tout à fait terrifiante. La chambre était si pleine de tous ces cuivres et de ces étains de rêve, qu'à la porte il en venait encore, et c'étaient maintenant, mêlés aux coquemards rébarbatifs et aux cafetières menaçantes, des saucissons à pattes, des jambons à figures de gnomes et des poulets fantomatiques voletant par la chambre, tout embrochés et tout rôtis.

Des têtes de lièvre en civet soulevaient des couvercles de casseroles, des becs piaillants d'alouettes essayaient de s'échapper de la croûte d'un pâté, des purées de fèves et de gros pois pétaient et crevaient en bulles dans des plats de terre brune ; une oie bardée de lard dansait en cancanant, le croupion tout troussé, prête pour la broche ; et des pigeons esquivés de l'étuve faisaient un cortège de chair bouillie à un lapin en gibelotte. C'était quelque chose d'affreux, et dans cet appareil culinaire et fantastique Wilhelm annéanti reconnut la reine Maritorne.

Elle était là, géante, impassible, toute cuirassée de cuivre rouge et s'avançait péniblement dans sa lourde robe en cloche, la taille emprisonnée dans une soupière. Ce qu'on voyait de sa peau était rissolé et doré comme l'estomac d'une dinde rôtie qui aurait cuit longtemps au feu des cuisines et elle avait pour mains deux énormes pattes de poule. C'était une créature horrible, chauve et glabre, avec sur son crâne le déploiement d'une queue de paon paré et dressé pour la table. Un collier de cervelas se jouait sur la faïence de sa poitrine et deux monstrueuses andouilles pendaient à sa ceinture en manière de châtelaine et de pendeloques d'apparat. Elle tenait d'une main un bouquet de poireaux, d'oignons et de carottes et, en vraie reine du pot-au-feu, brandissait de l'autre une immense cuiller à pot et puisait sans relâche dans les purées, les roux, les sauces et les panades en en menaçant la terreur de l'enfant. Mais ce qu'il ne put supporter, ce fut l'œil de cette spectrale poupée, un œil automatique émaillé et sans vie qui le regardait fixement. Il trouva un grand cri..... et s'éveilla cette fois à la lumière d'une lampe et d'une bougie. Sa mère, ses sœurs et sa bonne s'empressaient autour de lui; il s'éveilla penaud et la mine déconfite : le petit Wilhelm s'était oublié dans son lit.

MADAME DUMERSAN

A celle qui l'a connue.

I

UNE FEMME

Dans le quartier des Visitandines, le quartier des communautés et de l'hospice, à l'angle de la rue Mollerue et de celle du Noir-Lion, il y avait, adossé aux remparts et faisant face au grand mur du jardin des *Dames Bleues*, un vaste bâtiment Louis XVI, de style plutôt médiocre, mais d'assez grand air pourtant : deux étages, mais très hauts, et une espèce de cour d'honneur formée par deux ailes en retour, deux pavillons reliés l'un à l'autre par une grille, grille aux ferrures tachées de rouille, dont les battants ne s'ouvraient jamais, cour solitaire aux pavés veloutés de mousse ; mais de ces toits plats en terrasse, de cette façade lépreuse et bossuée par places d'attributs de musique et de jardinage en guirlandes, tombait une pesante et glaciale détresse qui était l'atmosphère même de l'hôtel de Méraucourt. Les Méraucourt : une vieille famille de Péronne, qui depuis longtemps déjà avait quitté la ville (les derniers du nom végétant, parait-il, dans une fonderie de l'Aisne, descendus au dur métier de puddleurs) ; Méraucourt, et dans la douceur de ces trois syllabes, c'était le *jamais plus* et la mélancolie de toute une société que les miens avaient encore connue et pour moi effacée, abolie dans l'énigme angoissante et l'oubli du passé, et c'était dans ma bouche d'enfant comme un étrange synonyme de regret, que ce nom lentement prononcé de Méraucourt.

Mystère des hautes persiennes toujours hermétiquement closes, tristesse de ce perron aux marches descellées et verdies ! ce vieil hôtel à l'abandon, dans ce coin de province dévot et sommeillant, exerçait sur mon imagination d'enfant précoce le charme hallucinant et l'effarante emprise d'un logis hanté ; et même aujourd'hui, que j'en évoque le souvenir, je revis soudain dans l'atmosphère surnaturelle d'un conte.

Une folle l'habitait... une folle, ou tout au moins une créature étrange, une femme d'allures singulières, et qui semblait, vivante, retranchée de la vie, un être dont le nom ne se prononçait qu'à voix basse avec des hochements de tête et des gestes enveloppants, comme si l'on eût voulu garantir avec de l'ouate la fragilité de son âme malade ; car c'était, en effet et surtout, une malade, que cette effarante et pâle Mme Dumersan.

Mme Dumersan ! Ce vieil hôtel de Méraucourt était déjà depuis des années inhabité avec son écriteau : *A vendre*, attaché à la grille, quand, un beau matin, le bruit se répandit dans Péronne que l'antique immeuble des Méraucourt avait trouvé acquéreur. L'acte avait été signé dans l'étude de M° Lafenêtre, le notaire de la rue du Vert-Muguet, et l'acheteur était un M. Dumersan de Fonvielle, qui venait on ne sait d'où, qu'on ne connaissait ni d'Ève ni d'Adam, mais un homme superbe, taillé en hercule, de verbe haut, et qui, sans l'élégance cossue de ses vêtements, aurait eu, ma foi, tout l'air d'un brigand de la Loire, d'un de ces terribles demi-soldes légués à la France par le Premier Empire. D'ailleurs, ce Dumersan allait devenir citadin de Péronne, puisque les maçons et les plâtriers étaient déjà dans la cour, les peintres et les tapissiers dans le rez-de-chaussée de l'hôtel.

Renseignements pris (et l'on se renseigne vite et sûrement en province), ce M. Dumersan était réellement un ancien officier aux gardes... aux gardes même de l'Impératrice ; mais il avait longtemps servi dans l'armée active sous les ordres des Junot et des Ney, et avait fait toute la campagne d'Espagne comme aide de camp de Joachim Murat, dont il avait la petite tête presque grecque, les frisures serrées et la chevelure courte, les yeux profondément enchâssés sous des paupières lourdes, la poitrine bombée, la taille étroite, et cet ensemble de force et de souplesse qui faisait de Murat une sorte de dieu d'Homère en uniforme de hussard.

M. Dumersan de Fonvielle, ex-colonel de l'Empire, épargné par la Restauration, avait fait, disait-on, son chemin par les femmes. Marié très jeune à la fille d'un fournisseur militaire, sa jeunesse avait été une série de divorces à scandales et de veuvages heureux : il avait drainé dans le lit de quelques Mmes Dumersan les quatre-vingt mille livres de rente qui le faisaient aujourd'hui propriétaire du plus bel immeuble de Péronne. Le vieil hôtel de Méraucourt se réveilla, ses hautes persiennes s'ouvrirent à deux battants, sa grille hermétique grinça dans sa rouille ; et ce fut, devant toute la ville ameutée, le déballage du plus somptueux mobilier qu'on eût encore vu. C'étaient des cadres anciens, de vastes miroirs, des lustres, des cabinets florentins incrustés d'ivoire, des statues et des statuettes, des vieux saxes et des commodes ventrues, des bahuts hollandais, des tables de marqueterie, des verreries de Venise, des coffrets espagnols tout enrichis de nacre et des toiles de toutes les écoles, à croire que ce bandit de Dumersan avait, dans ses campagnes, pillé tous les musées et toutes les collections d'Italie, de Hollande et d'Espagne, et quand toute la bourgeoisie de la ville et la noblesse des environs eurent défilé dans les salons de l'hôtel de Méraucourt, amenées par M⁰ Lafenêtre, notaire, et le conservateur des hypothèques, à tous ces émerveillements M. Dumersan de Fonvielle se fit un malin plaisir d'en ajouter un autre : il réunit dans un dîner toute la société un peu raide et suffisante de Péronne et présenta à ces provinciaux déjà ébaubis l'étrange créature, qu'était Mme Dumersan.

Ce fut une révolution. Grande, svelte et pâle, d'une pâleur chaude et dorée de créole, Mme Dumersan joignait au sensuel attrait d'une chair transparente, d'une peau lumineuse et savoureuse comme celle d'un fruit, le double éclat d'une rouge bouche humide et de larges yeux noirs, des yeux d'un blanc bleuâtre troués par deux prunelles de nuit. Roulée dans des satins et des dentelles, la pâleur de sa nudité mate avivée par des diamants et des rubis, d'énormes fleurs de magnolia piquées dans les torsades d'une chevelure lourde,

Mme Dumersan apparut à tous ces Péronnais ahuris et leur parut si belle, qu'ils se refusèrent à la croire la femme de leur hôte. *Ce n'était pas une beauté d'épouse*, fut la phrase qui courut la ville; Dolorès Herera était pourtant bien Mme de Fonvielle; l'ex-colonel la ramenait d'Espagne.

Cette humidité du regard et du sourire, cette langueur dans la démarche, cette souplesse de tout un corps mouvant sous les étoffes, ce teint de vieil ivoire comme éclairé à l'intérieur, et ces longs cils baissés, derrière lesquels semblait couver un incendie, tout cela était bien andalou.

Catholique et passionnée, Mme Dumersan fleurait à la fois l'œillet et l'encens; des yeux de manola brûlaient dans ce visage de madone. Tout Péronne s'alluma à ce regard, toute la province désira ce sourire; des officiers de la garnison firent des folies, la rue Mollerue s'éveilla de sa torpeur, les maraîchers seuls la remontaient autrefois avec leurs lourdes charrettes de légumes, les matins de marché; elle devint d'un mois à l'autre la rue des cavaliers.

C'est par là que les lieutenants de dragons et les dandies moulés dans leurs culottes de peau gagnaient désormais la porte Radegonde pour aller aux Quinconces. C'est qu'une terrible mangeuse d'hommes était installée maintenant dans l'hôtel de Méraucourt. Comme le disait le vieux marquis de Fréneuse, le bel esprit de la ville, il y avait une lionne noire embusquée maintenant dans la rue du Noir-Lion.

Cette lionne-là, pourtant, ne dévorait personne, et *mangeuse d'hommes* était un bien gros mot pour cette ensorceleuse, espèce de Circé inconsciente qui jetait peut-être ses filets, mais ne les ramenait pas. La belle Mme de Fonvielle dédaignait ses conquêtes : ses yeux prometteurs n'accordaient jamais rien, cette Espagnole était honnête. Assidue des églises et des communautés, c'était la femme qui assiste, dans la matinée, à trois messes, entend les vêpres aux Camaldules et le salut chez les *Dames Bleues*, et se dénude impudemment jusqu'à mi-sein, le même soir, pour le bal ; une Espagnole en un mot, de celles dont les mains menues égrènent, à midi, un rosaire et jettent, à trois heures, l'éventail et le mouchoir aux toreros de la Plazza.

Cette Mme Dumersan, qui fut pendant vingt ans de toutes les fêtes et de toutes les réceptions de Péronne, était défendue contre les autres et contre elle-même peut-être par les deux plus puissants gardiens qu'ait l'honneur d'une femme : la dévotion et un grand amour. Cette Espagnole avait voué à son Dumersan une espèce de passion sauvage, héroïque, qui l'isolait, comme hypnotisée, du reste du monde. Elle vivait là comme en extase, cloîtrée dans l'adoration de cet *austro Christo*, comme elle disait, cet autre Christ à qui elle devait plus que la vie, puisqu'elle lui devait l'honneur.

Dolorès Herera avait connu Dumersan dans des circonstances assez tragiques, au siège de Saragosse, dans les horreurs du sac de la ville prise; et c'est en dieu sauveur que le beau colonel lui était apparu, noir de poudre et les mains sanglantes, au milieu des décombres où l'avait entraînée une bande de pillards.

Dumersan l'avait arrachée d'entre les mains

de ces brutes, la réclamant comme sa part ; et, son grade ne suffisant pas à les intimider, il avait fait le coup de feu, abattu quelques hommes et le pistolet au poing conquis la jeune fille ; mais vainqueur, il avait respecté son butin, avait veillé toute la nuit, armé, sous la tente où dormait l'Andalouse, et, le lendemain, Dolorès Herera avait été rendue par lui à sa famille, de riches bijoutiers de Séville, établis à Saragosse et réfugiés depuis le siège dans un couvent des environs.

Elle était aujourd'hui Mme Dumersan de Fonvielle, la beauté citée à Péronne comme à Amiens, à Abbeville comme à Doullens, et tenait toute une ville, que dis-je, tout un département énamouré, pris à son charme. Dumersan, fastueux et vain comme tous ceux qui avaient approché l'Empereur, avait fait de l'hôtel de Méraucourt le rendez-vous de la société, éblouissant toute la contrée du menu de ses dîners et du luxe de ses fêtes... Le ménage Dumersan n'avait pas d'enfant.

MADAME DUMERSAN

II

UNE AME

Mme Dumersan de Fonvielle ! Il y en avait deux : d'abord celle de la légende, celle dont les gens âgés se remémoraient les bijoux et les robes entre deux parties de whist, la madame Dumersan des somnolentes confidences de douairières à leurs bichons bouffis de graisse, la madame Dumersan des interminables récits des vieilles dentellières du quartier Saint-Fursy, demeurées éblouies de ses défuntes splendeurs.

Celle que je connus était tout autre. Il n'y avait plus de mon temps ni fêtes, ni réception dans le bel hôtel de la rue Mollerue. La rue même, de passagère qu'elle était, était redevenue déserte, et dans ce coin de ville ensommeillé, la demeure était retombée dans le silence, dans l'abandon et dans l'oubli. C'était avec sa cour d'honneur aux pavés moussus, son perron verdi et ses persiennes closes, l'aspect de désolation morne qu'on prête aux logis hantés; et c'était un logis hanté en effet, puisque maintenant un fantôme y résidait et le fantôme des fantômes, celui du Souvenir.

Cette façade aveugle aux fenêtres à jamais fermées, cette maison muette, comme figée dans de la nuit, une femme l'habitait. Une femme vivait là, dans l'enfilade de ces hautes pièces éternellement obscures, et par ces salons et ces chambres, où le jour ne pénétrait plus, le somptueux mobilier entassé là se fanait, se dédorait, devenait peu à peu couleur d'ombre, ombre décolorée et envahie par l'ombre, au milieu de cette ombre à plaisir épaissie et tissée, ourdie comme une trame par une maniaque, dont les yeux à force de fixer les ténèbres, devaient être devenus ronds comme des yeux d'oiseau de nuit.

Et nous avions peur, les petits d'Hameroy

et moi, quand nous tournions avec nos bonnes le coin des rues Mollerue et du Noir-Lion pour gagner les remparts. Nous frissonnions d'une angoisse délicieuse en songeant à cette invisible Mme Dumersan, tapie comme une araignée au milieu de ses ténèbres, au fond de son vieil hôtel assoupi, Mme Dumersan dont la face pâle nous guettait peut-être derrière ses persiennes, Mme Dumersan avec ses yeux de folle, ses yeux effarants, aux larges prunelles, dilatées et fixes comme celles d'une orfraie attentive dans la nuit.

Nous ne l'avions jamais vue : de notre temps elle ne sortait déjà plus. Elle vivait là recluse, toute au souvenir de son mari. Elle n'avait pu supporter sa perte et, quand le beau Dumersan était mort d'une façon assez mystérieuse d'ailleurs, les uns dirent d'une chute de cheval, les autres d'un accident de chasse, la raison de Dolorès Herera avait sombré.

Ce fut un abîme brusquement creusé entre elle et cette société de Péronne, qui l'avait tant fêtée, l'adieu et le renoncement d'une âme à tout ce qui l'enchantait et l'emplissait encore la veille. Hallucinée de regrets, Mme Dumersan prit le deuil, comme une autre eût pris le voile ; elle ferma sa porte à tous et s'isola dans ce vieil hôtel de Méraucourt voué désormais au silence et à la nuit ; ses yeux visionnaires y évoquaient mieux l'image adorée du passé. Réfugiée dans la dévotion ardente et sombre de son pays, celle qui a inspiré et les Ignace de Loyola et les sainte Thérèse, Mme Dumersan s'ensevelit vivante dans l'*in pace* de sa douleur. Trois siècles d'atavisme religieux et les traditions d'une famille, qui avait fourni au tribunal du Saint-Office plusieurs grands inquisiteurs, avaient laissé en elle de vivaces empreintes. Dans l'effondrement de cette intelligence, les rites et les pratiques d'une enfance dévote furent la seule épave qui surnagea ; le vieux fanatisme espagnol subsista seul dans cette âme détruite et cette Sévillane, fidèle à l'esprit de sa race, fit inconsciemment revivre dans cette vieille demeure picarde les mœurs funèbres de l'Escurial.

Personne n'en franchissait le seuil ; pas même les fournisseurs ; quelques furtives silhouettes de prêtres s'y glissaient une ou deux fois l'an, à l'époque des quêtes, et encore était-ce à peine si la lourde grille s'entrebâillait pour eux. Les Péronnais eux-mêmes évitaient maintenant cette calme rue Mollerue, où une douleur invisible semblait veiller continuellement un mort.

C'était, d'après les on-dit, le grand salon transformé en chapelle ardente avec des cires toujours allumées et des blancheurs de fleurs sans cesse renouvelées, des miroirs et des vases, des argenteries entassées avec des étoffes devant un portrait en pied du beau colonel : d'autres, enfin, voulaient avoir vu, à travers les lamelles des hautes persiennes, rôder dans l'enfilade des pièces obscures une effarante nudité. C'était même là une légende assez accréditée parmi les verdurières, que la folle de l'hôtel de Méraucourt s'y promenait pendant les longues journées d'été, nue comme la *Sainte Agnès* de la cathédrale, avec sa chevelure de bête éparse sur ses épaules et tous ses diamants ruisselants sur ses seins. Mais c'étaient là des propos de bas peuple, des racontars de faubourgs, des histoires de petites gens à la longue hallucinés par le mystère de la demeure.

Il fallait bien qu'il se passât quelque chose derrière ces murs, et la plus effrayante hypothèse était encore qu'il ne s'y passât rien.

Oh! cette Espagnole tapie au fond des ténèbres et du luxe figé de cette maison close, cette vie somnambule et murée d'une intelligence morte et d'une âme visionnaire!

Il y avait bien dix ans que Mme Dumersan de Fonvielle avait disparu du monde, qu'elle passionnait encore l'opinion de Péronne : l'ère des extravagances était pourtant passée, car la pauvre femme en avait commis quelques-unes avant de se résigner à ce silence, à cet oubli.

Les trois premières années qui suivirent son veuvage, la population stupéfiée avait eu deux fois par jour le spectacle, encore présent à toutes les mémoires, des promenades spectrales de Mme Dumersan de Fonvielle.

Ces trois années-là, à heures fixes, à neuf

heures dans la matinée, et à trois dans l'après-midi, la grille de l'hôtel de Méraucourt s'ouvrait toute grande, à deux battants comme pour la sortie d'un carrosse : en même temps, sur le perron de l'hôtel, Mme Dumersan apparaissait.

Toute vêtue de noir, engoncée et raidie dans des velours, des satins et des moires, c'était, dans les luisants et les mats d'un somptueux deuil de cour, la face de cire, les mains exsangues et les grands yeux fixes, les larges prunelles immobiles et noires des Madones de son pays : les Madones attifées de soie et de dentelles, dont la poitrine ouverte et les paupières peintes pleurent de vraies larmes et du vrai sang dans l'ombre piquée d'or des chapelles d'Espagne.

Un immense chapeau cabriolet complétait, hiver comme été, cet accoutrement bizarre. A la main, c'était un gigantesque parapluie au manche recourbé comme une crosse en argent niellé et ciselé. Retenu au bras par de longs rubans de satin noir, un réticule lui battait la cheville, telle une sabretache ; à ses pieds, c'étaient des cothurnes, des cothurnes de prunelle du temps de sa jeunesse avec les croisillons de leurs bandelettes étroites sur des bas blancs à jour : telle était caricaturale et spectrale, cette Notre-Dame-des-Sept-Douleurs en chapeau de velours.

Et l'on ne riait pas. Il y avait trop de tragique dans ce grotesque : ces yeux de voyante immuablement fixes, la stupeur de ce visage immobile comme un masque, cette raideur et cette pâleur angoissaient : les enfants en avaient peur, et, derrière leurs rideaux, les Péronnais regardaient passer cette femme empanachée et blême, le cœur serré et en silence, comme ils auraient regardé passer un cercueil.

Et n'était-ce pas un cercueil que ce corps raide et solennel, où l'intelligence était morte !

Deux femmes de chambre l'escortaient toujours, deux femmes ramenées par elle de son pays et, comme elle, en grand deuil. « Mme Dumersan et ses suivantes », chuchotaient dans l'entrebâillement des portes les commères intriguées, qui n'osaient cependant se risquer sur leurs seuils.

Ce cadavre ambulant terrorisait, car c'était bien un cadavre, mais un cadavre galvanisé qui, d'un pas d'automate, la tête toujours droite, descendait le perron de l'hôtel de Méraucourt et, tenant son parapluie comme une crosse, traversait la ville, cérémonieux et lent, en compagnie de ses *camerera mayor*.

Trois ans durant, deux fois par jour, les rues Mollerue et du Noir-Lion eurent ce cauchemar. Mme Dumersan apparaissait, le matin, à neuf heures, dans la cour de l'hôtel et se rendait solennellement à la messe ; elle l'entendait à Saint-Fursy, où elle avait ses chaises et son coussin ; à dix heures moins le quart, Mme Dumersan était rentrée chez elle.

Elle reparaissait sur son perron à trois heures et son parapluie à la main, son réticule au bras, toujours escortée des deux mêmes suivantes, gagnait la porte Radegonde et se rendait aux Quinconces.

Hiver comme été, à moins qu'il ne plût des hallebardes, c'était son immuable promenade.

Au cœur de juillet, quand les arbres blancs de poussière grésillent dans la chaleur et que les chaumes brûlent dans la campagne déserte, à l'heure où tout Montfort faisait la sieste, elle seule apparaissait rigide dans les allées inondées de soleil. On l'y rencontrait en décembre par la neige et le gel, quand sur le velours blanc des pelouses ne s'y voient que les corneilles. Majestueuse et noire au milieu de toutes ces blancheurs, elle processionnait entre ses deux servantes, un énorme manchon serré contre elle, un long boa engonçant sa face blême, et l'on eût dit une Notre-Dame-des-Corbeaux dans la détresse de ce paysage d'hiver.

Et jamais un mot ne tombait de cette bouche, jamais un regard n'allumait ces prunelles fixes : une révérence de cour, une lente et profonde révérence d'infante à son entrée dans l'église, la même plongeante reculade sur les genoux pliés, quand elle quittait son prie-Dieu, étaient les seuls mouvements de cette vie figée. Jamais Mme Dumersan ne rendait un salut, et les deux femmes qui l'escortaient semblaient raidies comme elle dans le regret et la stupeur.

MADAME DUMERSAN

III

VEILLÉE D'OMBRES

Les promenades fantômatiques de Mme Dumersan de Fonvielle, le cauchemar errant de ses apparitions réglées, mathématiques presque, à travers les rues et au Quinconce de la ville ! Péronne en eut dix années l'obsession jusqu'au soir où la folle de la rue du Noir-Lion faillit mettre le feu à une meule de blé et faire flamber (comme paille est le mot) toute la récolte d'un de ses fermiers.

Oh ! cette plate et crayeuse campagne picarde, aux longues routes pavées, plantées de peupliers maigres, la blême étendue des marais de la Somme et de leurs champs de roseaux, et puis, comme un panorama géographique, les lacets de routes au milieu des récoltes, et, posés çà et là, à des bifurcations et à des carrefours, des amas de points noirs qui sont des villages, horizon d'une écrasante mélancolie qui, durant quinze ans de ma vie, fut le mien! Mme Dumersan de Fonvielle avait cinq ou six fermes perdues dans la monotonie de ce paysage morne, fermes de tout repos et de bon rapport, dont, depuis la mort du beau colonel, Me Lafenêtre, notaire, touchait les revenus. Jamais fermier ne franchissait maintenant la haute grille rouillée de l'hôtel de Méraucourt; Dolorès Herera était bien morte au monde. Ils la connaissaient tous cependant, ne serait-ce que pour l'avoir croisée, les jours de marché, dans son funèbre appareil de Madone d'Espagne, escortée de ses deux suivantes; et puis, une si terrible, une si merveilleuse légende l'entourait, la grandissait dans l'esprit des foules et des campagnes, à la façon d'une espèce d'auréole, auréole de ténèbres et de sang.

Pour tous elle était l'étrangère, l'Espagnole aux aventures mystérieuses et violentes, la femme d'une autre race échappée aux horreurs

d'un viol, et, du fond d'une lointaine province
au pillage, arrivée et devenue dame de la ville
par la toute-puissance de la beauté et de l'a-
mour. Aux yeux de la génération présente,
elle incarnait la splendide épopée des guerres
de l'Empire. C'est sous le vol éployé des
aigles de Murat, que cette face léthargique
était venue s'échouer en Picardie : à la
fois captive et triomphatrice, elle avait été
la rançon de la conquête et la revanche
amoureuse de la nation vaincue sur le peuple
vainqueur : elle était maintenant la folle et la
recluse.

Mais pour ressentir complètement l'intense impression dont Mme Dumersan poi-
gnait ici les âmes, il faudrait reconstituer le
cadre intime et vieillot du Péronne d'alors,
l'atmosphère d'ouate et de brume, la vie
sommeillante et murée de cette petite ville
au milieu de sa rivière lourde, des lentilles
d'eau de ses fossés et des gazons poudreux de
ses remparts ; mais je m'attarde à des songeries
et voilà que j'oublie la dernière folie macabre
de cette maniaque de Mme Dumersan, esclave

que je suis de mon imagination, tout à coup pris dans les toiles d'araignées des souvenirs.

Par une tiède soirée d'août, Mme Dumersan, plus somptueusement vêtue encore que de coutume, sortait donc de son hôtel suivie de ses deux femmes. Les « camerera mayor » portaient ce soir-là un étrange bagage, des sièges pliants, des livres d'heures et tout un paquet de cierges. Mme Dumersan gagnait la campagne par la porte Radegonde, traversait, lente et solennelle, la solitude embaumée du Quinconce et s'enfonçait à travers champs. Avec l'astuce ordinaire des aliénés, Mme Dumersan avait choisi l'heure du souper, l'heure apaisante et douce où tous les travailleurs sont rentrés dans les fermes. Toute à son idée fixe, Mme Dumersan marcha longtemps. Etrange procession que ces trois femmes en deuil cheminant en rase campagne, sous la lune montante; car c'était une des plus belles nuits d'été, et dans l'air saturé de miel c'étaient, des deux côtés de la route, des meules et des meules, tantôt de blé, tantôt de seigle, se profilant en noir sur le gris laiteux du ciel. Mme Dumersan allait tenir sa cour dans un de ses domaines. Dans l'orgueil de sa douleur (car la douleur est un encens dont la fumée enivre), Mme Dumersan se croyait reine d'Espagne; elle avait anobli son Dumersan en le perdant, élevant la noblesse du mort à la hauteur de son regret, elle en avait fait un roi. Mme Dumersan était reine d'Espagne et c'était son bon plaisir d'aller, par cette lumineuse nuit d'été, tenir sa cour de deuil et de douleurs sur ses terres royales, en pleine campagne, plus près du ciel.

Et avec le froid cérémonial qu'elle observait en tout, Mme Dumersan s'installait au beau milieu d'un champ avec ses deux femmes. Le groupe prenait place à l'ombre d'une meule, la reine imaginaire assise contre, sur un pliant, ses deux dames d'honneur, l'une à droite, l'autre à gauche, sur des sièges bas, à ses pieds. Autour d'elles, c'était un cercle vacillant de flammes jaunes, les cierges déballés de leur paquet, plantés en terre et allumés; et à la lueur des cires, les deux servantes, les livres d'heures ouverts sur leurs genoux, entamaient à haute voix les litanies des morts.

Mme Dumersan, elle, impassible et raide, les écoutait chanter ; veillée funèbre, idée macabre et bien digne d'une dévote d'Espagne : l'Espagne, ce somptueux cadavre gainé d'or et de soie, dont le fanatisme est le vautour. Elle était bien de la race et du pays des Isabelle d'Aragon et des Jeanne la Folle, cette veuve d'officier, cette fille de marchands devenue à peine de petite noblesse et qui, dans un champ perdu de Picardie, ressuscitait pour elle les cérémonieuses folies de Charles-Quint à Saint-Just et de Philippe II à l'Escurial.

Elles passèrent là toute la nuit. Au petit jour, les gars de la ferme les trouvèrent toutes les trois endormies, Mme Dumersan demeurée raide, adossée contre la meule, les deux femmes à terre, glissées de leurs pliants. Autour d'elles, c'était la fumée et les dernières lueurs des cierges mourants ; et les gars, qui avaient d'abord eu peur de ces trois dames noires immobiles, eurent une grande colère à cause des mèches encore grésillantes dans les chaumes. Encore un peu, la meule prenait feu : ces gueuses auraient pu incendier toute la récolte : une satanée invention que la leur ! Une église est une église et un champ est champ, que diable ! Maître Codron, le fermier de Mme Dumersan, arriva à temps pour reconnaître les trois femmes, leur éviter un mauvais parti. On les ramena à la ferme toutes trempées de rosée et grelottantes : on les réchauffa devant une flambée d'épines, et le fermier, ayant attelé sa carriole, les reconduisit à Péronne. Mais l'aventure fit du bruit.

Les deux Espagnoles de Mme Dumersan furent appelées chez le maire, M. Triquet de Noirmont ; là, des instructions leur furent données, que les pauvres femmes eurent bien de la peine à comprendre. Ces deux dévouements ne pouvaient se faire à l'idée de ne pas suivre à la lettre les ordres de leur maîtresse ; elles la vénéraient à l'égal d'une sainte et l'aimaient fanatiquement. De son côté, le doyen de Saint-Fursy tentait une démarche auprès de la recluse de la rue du Noir-Lion. Grâce à son caractère sacré, il forçait la porte de l'hôtel et pénétrait jusqu'à celle qui fut Mme de Fonvielle. Que vit-il ? qu'entendit-il dans ce logis de mystère ? L'abbé de Lussanges en garda toujours le secret, mais la porte qui se referma sur lui ne se rouvrit plus désormais pour personne, et Mme Dumersan ne franchit plus jamais la grille de son hôtel.

Ce fut la maison du silence, la vieille demeure aux persiennes toujours closes, à la façade lépreuse et verdie qui nous faisait baisser la voix et hâter le pas quand, par hasard, nous prenions la rue Mollerue pour aller aux remparts, et encore l'évitions-nous le plus souvent ; et sans la petite d'Hameroy, enfant nerveuse et déjà femme, que toute cette histoire impressionnait et attirait, j'aurais plutôt fait, moi, un grand tour pour ne pas passer par là.

Malaise indéfinissable partagé par toute une ville, atmosphère d'effroi établie à la longue, comme une barrière, autour de cette demeure hallucinante ; il y a plus de trente ans déjà que celle qui s'y cloîtrait n'est plus, trente ans que Mme Dumersan en est sortie, les pieds en avant, pour n'y jamais plus rentrer, et le vieil hôtel de Méraucourt est encore inhabité. La petite ville de mon enfance, elle, dolente et stationnaire au milieu de ses marais, a malgré tout subi l'altération du siècle : le Progrès et les idées modernes ont, en le touchant, transformé peu à peu le Péronne cher à mes souvenirs ; les bombes allemandes de 1870 ont anéanti les vieux logis à pignons et à charpentes sculptées de la grande place ; des maisons neuves les ont remplacées. Il en a été de même de la vieille société de la ville, toute de séculaire bourgeoisie et de petite noblesse : des familles entières ont disparu ; il en est d'elles comme des petites rues, dont les maisons, ornées de bas en haut de pieuses statuettes, hantent encore mon imagination ; leurs noms seuls subsistent : rues des Naviages, du Vert-Muguet, des Blancs-Moutons, de l'Homme-sans-Tête, rues maintenant bordées de bâtisses neuves, mais évoquant encore une cité du moyen âge dans cette petite ville autrefois seigneuriale, aujourd'hui commerçante, où les plus beaux hôtels des familles éteintes sont tombés et se perdent aux mains de parvenus.

Pis encore : on a parlé de raser les fortifications de Péronne ; les faubourgs demandent à rompre enfin leur double et triple enceinte de bastions et de demi-lunes, et les municipalités de nos jours ne savent guère résister aux réclamations des faubourgs ! Que deviendront alors les fossés de ma petite ville et leur vaste étendue d'eau huileuse écaillée de lentilles avec leur longue bordure de roseaux immobiles ou frissonnants à l'horizon ! Tout change et tout va changer ! mystérieuse énigme. L'hôtel de Méraucourt, seul, n'a pas bougé au milieu de ces lentes et banales transformations ; il est toujours là, désert et morne, au coin des rues du Noir-Lion et Mollerue, avec ses volets clos et son perron moussu... Et l'ancienne demeure de Mme Dumersan est toujours inhabitée ; aucun acquéreur ne s'est présenté, et sur la grille on voit toujours, fendillé par la chaleur et moisi par les pluies, l'immuable écriteau :

A VENDRE

Ancien logis de spectre gardé par le souvenir.

TABLE

Préface . . . .

HISTOIRES DE MASQUES

L'un d'eux.	3
Chez l'une d'elles.	15
Récit de l'étudiant	25
Le masque.	35
Lanterne magique.	47

RÉCIT D'UN BUVEUR D'ÉTHER

Un crime inconnu 57

MANUSCRITS D'UN NEURASTHÉNIQUE

I. — Heures de villes d'eaux	73
II. — —	82
III. — —	91

RÉCIT D'UN BUVEUR D'ÉTHER

Les trous du masque. 105

RÉCIT DU PEINTRE

L'homme au bracelet. 119

RÉCIT DU MUSICIEN

Janine	133
L'impossible alibi	147
Le coup de grâce	159

MASQUES DE PARIS

I. — La dame aux portraits	175
II. — L'homme au complet mauve	179
III. — La pompe-funèbre	185
IV. — La marchande d'oublies	194
L'homme des berges	203

MASQUES DE PROVINCE

Monsieur d'Ajurincourt	214
I. — Madame Gorgibus	220
II. — Histoire de la bonne Gudule	231
III. — La reine Maritorne	242

MADAME DUMERSAN

I. — Une femme	251
II. — Une âme	261
III. — Veillée d'ombres	271

ÉVREUX, IMPRIMERIE DE CHARLES HÉRISSEY

www.ingramcontent.com/pod-product-compliance
Lightning Source LLC
Chambersburg PA
CBHW071604170426
43196CB00033B/1735